汉语言专业本科系列教材·文化类
SERIES OF CHINESE TEXTBOOKS FOR COLLEGE STUDENTS · CULTURE

"十二五"国家重点出版物出版规划项目
国家汉办新世纪汉语本科系列教材研发项目

中国文化基础 下

THE BASICS OF CHINESE CULTURE II

舒 燕 编著

ERYA CHINESE 尔雅中文

北京语言大学出版社
BEIJING LANGUAGE AND CULTURE
UNIVERSITY PRESS

© 2019 北京语言大学出版社，社图号 18213

图书在版编目（CIP）数据

中国文化基础．下／舒燕编著．－－北京：北京语言大学出版社，2019.1（2024.3重印）
（尔雅中文）
ISBN 978-7-5619-5363-1

Ⅰ．①中… Ⅱ．①舒… Ⅲ．①汉语－对外汉语教学－教材 ②中华文化－基本知识 Ⅳ．① H195.4 ② K203

中国版本图书馆 CIP 数据核字（2018）第 273759 号

中国文化基础（下）
ZHONGGUO WENHUA JICHU(XIA)

排版制作： 北京创艺涵文化发展有限公司
责任印制： 周 燚

编辑委员会
主 任 张 健
副主任 唐琪佳 陈维昌
各序列负责人（按姓氏音序排列）
　　　　陈维昌 付彦白 唐琪佳

出版发行：	北京语言大学出版社
社　　址：	北京市海淀区学院路 15 号，100083
网　　址：	www.blcup.com
电子信箱：	service@blcup.com
电　　话：	编辑部　8610-82303647/3592/3395
	国内发行　8610-82303650/3591/3648
	海外发行　8610-82303365/3080/3668
	北语书店　8610-82303653
	网购咨询　8610-82303908
印　　刷：	北京市金木堂数码科技有限公司
版　　次：	2019 年 1 月第 1 版　　印　次：2024 年 3 月第 2 次印刷
开　　本：	889 毫米 × 1194 毫米　1/16　　印　张：5.25
字　　数：	92 千字
定　　价：	49.00 元

PRINTED IN CHINA

凡有印装质量问题，本社负责调换。售后 QQ 号 1367565611，电话 010-82303590

总 序

《尔雅中文——汉语言专业本科系列教材》（以下简称《尔雅中文》）是面向以汉语作为第二语言的学习者的汉语言专业本科学历教育教材，是继上世纪90年代至本世纪初出版的《对外汉语本科系列教材》之后推出的新一代大型系列教材。

近年来，国际职场对复合型汉语人才的需求猛增，对专业建设、教学改革、课程建设以及教材编写都提出了新的要求。我们顺应这一发展趋势，将汉语言专业的人才培养目标由以往单纯强调语言技能的"汉语专门型人才"调整为目前的具备"语言+专业"复合能力的"汉语通用型人才"，在汉语言专业陆续增设一些新的方向，凸显出汉语言专业课程体系的时代特色。但是，我们充分认识到，对于汉语言专业的学生而言，核心问题仍是如何更有利于自身语言能力的提高，特别是语言交际能力、认知能力、跨文化交流能力等综合性、复合型能力的提升。因此，我们虽在语言技能、语言知识课程外增设了较为系统的历史文化、国情社会、经济商务等方向的课程，但是，这些课程不是仅用来灌输知识的，而是为更好地扩展语言能力而服务，以培养语言能力为核心的理念并未改变。

《尔雅中文》教材体系与专业课程体系紧密相连，包含了横向和纵向两个序列：横向上，在不断完善语言技能、语言知识、文化系列教材的基础上，增设了较为系统的商务、翻译、教学等专业方向的专业语言技能和专业知识教材；纵向上，建立起更为缜密的综合课与听、说、读、写、译各分技能课的一至四年级的梯度等级，平衡了一般技能课跟各序列的专业技能课、知识课的比例。横向与纵向协调发展，形成了汉语言专业本科大型教材的网状系统，最大程度地体现出专业教学的系统性、关联性、层级性和针对性，也为以汉语言专业为依托、面向汉语作为第二语言学习者的本科专业群的建设奠定了坚实的基础。《尔雅中文》教材相对应的课程序列与梯度等级如下图所示：

课程序列与梯度等级示意图

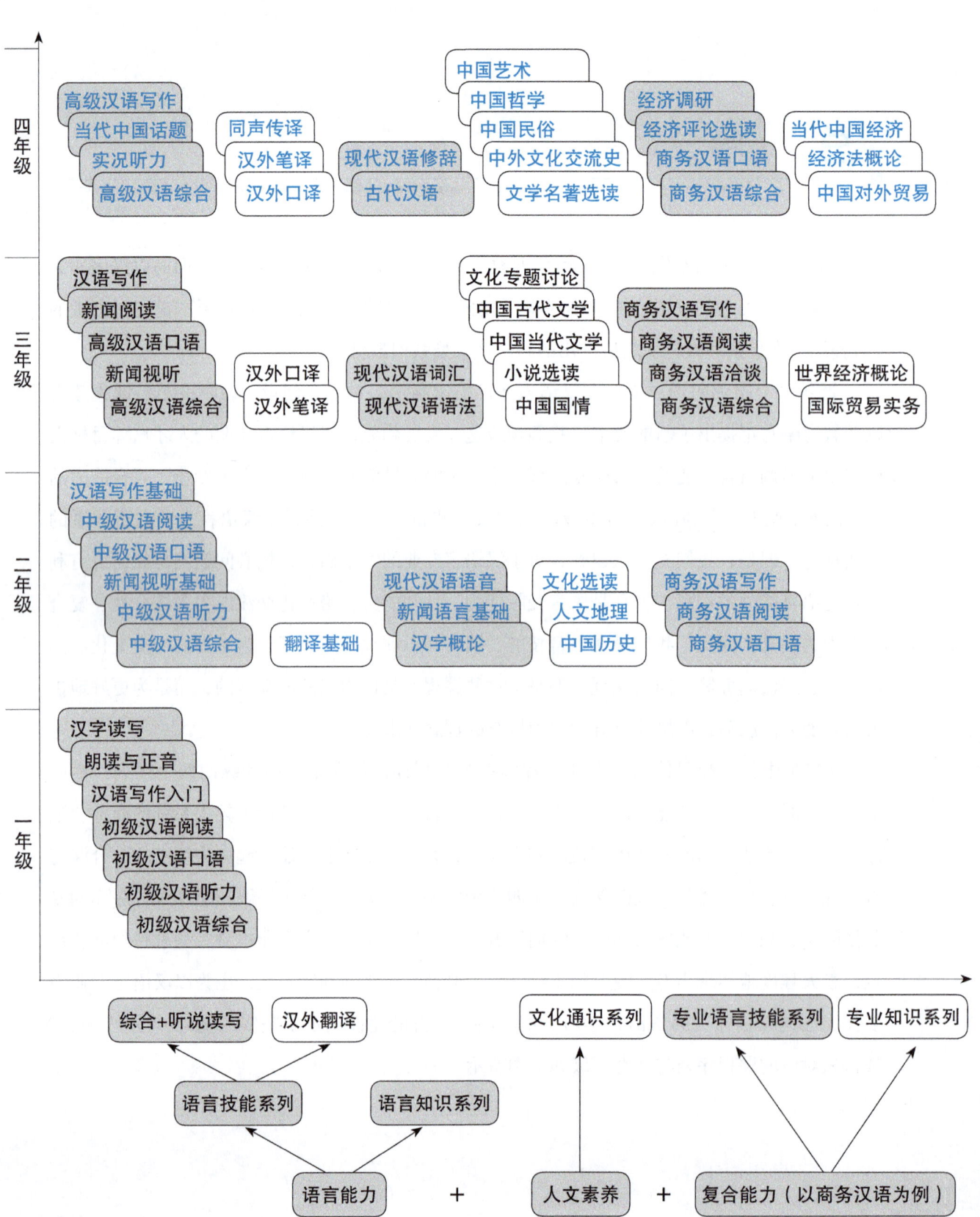

《尔雅中文》系列教材在继承上一代《对外汉语本科系列教材》长处的同时，更加贴近现实社会需要和学习者的需求，也融入了近些年汉语言专业课程建设与教学改革的多方面成果，从而呈现出崭新的面貌，形成了自己的特点。概括起来有以下四点：

一、总体设计更具系统性和前瞻性，最大程度地反映出专业人才培养的新目标

语言技能、语言知识、文化知识、专业语言技能、专业知识五大板块既相互关联，又各自独立。语言技能课程贯穿始终，凸显以养成语言能力为主的专业发展理念；文化知识序列不断丰富，体现出对汉语国际教育本质的全面认识，自觉地将提升人文素质、培养全面发展的人作为汉语言专业本科教育的最终目标。专业技能和知识课程在中高级阶段逐步增加，循序渐进，实现由初级的"语言技能＋语言知识"基础能力向中高级的"语言＋专业"综合能力的自然过渡。同时，各专业方向的教材都具有自身特色，自成体系，体现了统一中的多样性，也体现了专业人才培养模式向厚基础、宽口径、复合型的转变。

二、语言技能序列的设计更具延展性，结构更加合理

作为面向汉语作为第二语言学习者的汉语言专业本科系列教材，由汉语综合技能与以"听、说、读、写"分立形成的各分技能训练无疑是其主干部分。这套教材的设计与编写，不仅填补了中高级阶段"听、说、读、写"分技能教材的诸多空白，而且增强"译"这一重要的技能，形成了"听、说、读、写、译"各自独立并相互关联的完整的分技能序列。与此同时，初、中、高各教学阶段逐层递进，且横向延伸，使得语言技能教材序列更加协调和完整。由于汉语综合课以及听、说、读、写、译各技能课都自成体系，具备面向初、中、高三个阶段、四个年级的多层级和覆盖面广的特点，因此，教材的使用范围、对象就不限于本科学历教育，而是对各种层次和需求的中文学习者都具有不同程度的适用性，可以各取所需。

三、强化以学习者为中心的教材编写意识，跨文化视角更加突出

编写者大都为多年从事汉语作为第二语言教学工作的资深教师，基本上都具有海外汉语教学的经历，对不同课型的教学原则和实践策略有着较为深入的了解和体会，对大量的同类汉语教材的编写理念以及教学法、跨文化交际理论等做过前期研究。从教师规划学习内容、层级、知识点，到编排教材中的练习及设计课堂活动，尽量从学生学习的视角和跨文化的视角去安排、镕裁，换言之，更加重视教材编排跟教学过程、习得过程与效果的关联程度，使语言及文化、商务的教材内容丰富而生动，以提高学生主动学习的兴趣以及课堂活动的参与度。

四、通过调查统计、大纲设计和试用试验等环节，使教材编写有章可循，科学实用

新一代汉语言专业本科系列教材的编写工作启动于2007年，首先对原有教材、国内外市场同类教材的使用情况进行调研。编写者均为相应课型的任课教师，且大多参与过上一代教材的编写工作，对任务轻重和努力方向都有较深的体会。同时，组织资深的教学研究专家以及语言、文化、商务、翻译等领域专家，与教材编写小组共同研讨，确立各部教材的基调，审阅推敲文稿，斟酌取舍。教材编写过程较长，各位作者付出了大量心血，已编成的教材提交出版前大多试用过几个学期，对象涉及来自世界上80多个

国家和地区的上千名留学生，每学期试用后，教师都会汇总情况，分析研究，做出适当的修订、更新。

大纲是教材编写的重要前提，并贯彻于整个编写过程。教材与大纲处于动态关系之中，大纲统摄教材，但并非一成不变，教材编写促使大纲趋于完善。本系列教材主要参照《高等学校外国留学生汉语言专业教学大纲》（2002）和《新汉语水平考试大纲（1—6级）》（2009、2010），同时参酌各类语言大纲、框架、标准、词表、调查报告等研究成果，其中的各个序列、各部教材都按照自身性质与类型，研制了便于操作的词汇、语法、功能及话题大纲，既自成一体，又相互照应。对此，各部教材都有自己的编写前言，会做更详细的说明。大纲编订与教材编写相辅相成，教材一面世，大纲也随即推出，如商务汉语方向的教材编写者同时研制出版了《经贸汉语本科教学词汇大纲》（2012），文化大纲的编订也与教材编写协调配合，这些使得教材编写的科学性和内在系统性得以保障。

根据不同的课程性质和专业方向，《尔雅中文》系列教材划分为四大序列：汉语言技能与知识；汉外翻译；文化通识；商务汉语。翻译往往被视为一种语言技能，原本可归入语言技能与知识序列，但鉴于翻译能力是一种复合能力，翻译类课程及教材在一至四年级自成一统，翻译综合课、口译课、笔译课等体系完备，且涉及多个国别，所以这里单列出来。

北京语言大学面向留学生开办汉语言专业的本科学历教育，始于上世纪70年代末，其成长过程历史地见证了中国改革开放以来汉语国际教育的发展。历经几代人的辛勤努力，2008年9月，汉语言专业被批准为国家级高等学校特色专业，2010年7月，汉语言专业教学团队被评为国家级教学团队。这套教材的大部分编著者均出自这一专业团队。汉语言专业的每一步改革与创新，都离不开北语几代对外汉语教育工作者的关心与鼓励，离不开学校领导及海内外专家的大力支持。这里要特别感谢北京语言大学前副校长戚德祥、北京语言大学出版社董事长兼总编辑张健和各位责任编辑，这套教材历经数年终于得以问世，跟他们的严谨态度、耐心督促和细致工作密不可分，而教材得以入选新闻出版总署"十二五"国家重点出版物出版规划项目，正是教材编写规划团队与编辑出版团队精诚合作的结果。

系列教材取名"尔雅"，众所周知，《尔雅》是中国古代汇集分类专门词语以供人学习的经典，这里取其字面义，"尔"通"迩"，"尔雅"指趋于雅正、得体。语言学习不可能一蹴而就，是一个不断接近目标语和目标文化的累积过程，或许正因如此，英人威妥玛（Thomas Francis Wade）将其所编的汉语口语和书面语教材命名为《语言自迩集》和《文件自迩集》。我们编写新一代汉语言专业本科系列教材，同样是希望学生通过系统的学习，逐渐接近目标语言与文化，获得较强的跨文化交流能力，最终不仅要达到较高的汉语水平，而且要更加深入地了解中国社会政治经济和历史文化。

是为总序。

《尔雅中文》编写委员会

编写说明

《中国文化基础》(下)是为具有中级汉语水平的学习者编写的一部文化教材,可供在中国高等院校攻读汉语言或汉语国际教育专业的本科留学生于二年级第二学期使用,亦可作为海外汉语教师进行中国文化教学的教材以及对中国文化感兴趣的汉语学习者的课外读物。

本教材由八课十六篇课文组成,分别从中国文学(第一、二、三课)、中国艺术(第四、五课)、中国人的生活(第六、七课)、中国古代教育(第八课)等四个方面展示了中国文化的独特性与多样性。这八课分别为:1. 中国古代神话;2. 唐诗宋词赏析;3. 中国民间传说;4. 中国古代建筑;5. 中国民间音乐;6. 中国茶文化;7. 中国医药文化;8. 中国古代教育。每课有两篇相关课文,每篇课文又由课文文本、文化注释、生词、练习四个部分组成。课文内容旨在以小见大,知古鉴今;语言力求由浅入深,生动简明。文化注释,字数不多,言简意赅,旨在帮助学习者了解与课文相关的文化背景知识,进而加深对中国文化的理解。为降低学习难度,编著者对课文中出现的文化词语进行了分类处理,将人名、地名、民族名、朝代名等作为专有名词单独列出,与此同时,将一些专业术语以脚注形式加以注释。专有名词与专业术语仅为阅读理解课文提供方便,不要求学习者记忆和掌握。课后练习包括画线连接、选词填空等词语类练习,判断正误、回答问题、选择答案、比较异同、古今对译等理解类练习,课堂讨论、角色扮演、课堂展示等成段表达类练习以及"今天我来讲"这类跨文化对比练习等。其中"今天我来讲"设置在每课第一篇课文之后,以便学生有充分时间在课下准备,并在后续的课堂学习中进行展示交流。

本教材遵循汉语作为第二语言文化教学的系统性、实用性、趣味性、循序渐进性等原则。首先,在内容上,本教材选取了中国不同历史时期、不同地域富有代表性的文化点,其特色体现在一方面将中国民间文化纳入世界文化的视野,另一方面力求将古老的文化传统与当代文化的传承与发展结合在一起。其次,课文篇幅与语言难度适中,教学文本注重目的语环境的呈现及语言与文化的融合。第三,练习形式多样,既注重文化理解,又重视语言技能和言语表达训练,旨在将课堂学习与课外延伸学习结合在一起,以培养学习者的跨文化意识与自主学习能力。

本教材可供一学期使用(共16周,32学时)。每课教学时长为4学时,平均一篇课文用2学时完成。教师亦可根据各校文化课的周课时数以及学习者的汉语水平,灵活安排教学进度。

在教学过程中,建议教师充分运用多媒体技术,引导学习者通过特定的语言环境及声音、图像、文字等多种形式全方位地理解中国文化的丰富内涵。为了培养学习者的跨文化意识与自主学习能力,教师应在每课开始前即向学生明确提出查阅相关图文资料以及准备"今天我来讲"的报告等教学要求,并根据学生选择的题目列出课堂报告时间表(一般每人3~5分钟,也可以小组为单位进行报告）。该项活动不仅有助于学习者深入了解中国文化，而且能够增加他们对本国文化以及世界不同地区文化的丰富性与多样性的认知与理解。

  本教材在编写过程中得到北京语言大学汉语学院领导的大力支持，在此编著者表示诚挚谢意！感谢所有为本教材的修改提出过建议的老师和同学们！感谢北京语言大学出版社为这部教材的出版付出的辛勤劳动！

  本教材还有诸多不足，诚望专家、同人及读者批评指正，以利完善。

舒燕
2018 年 4 月

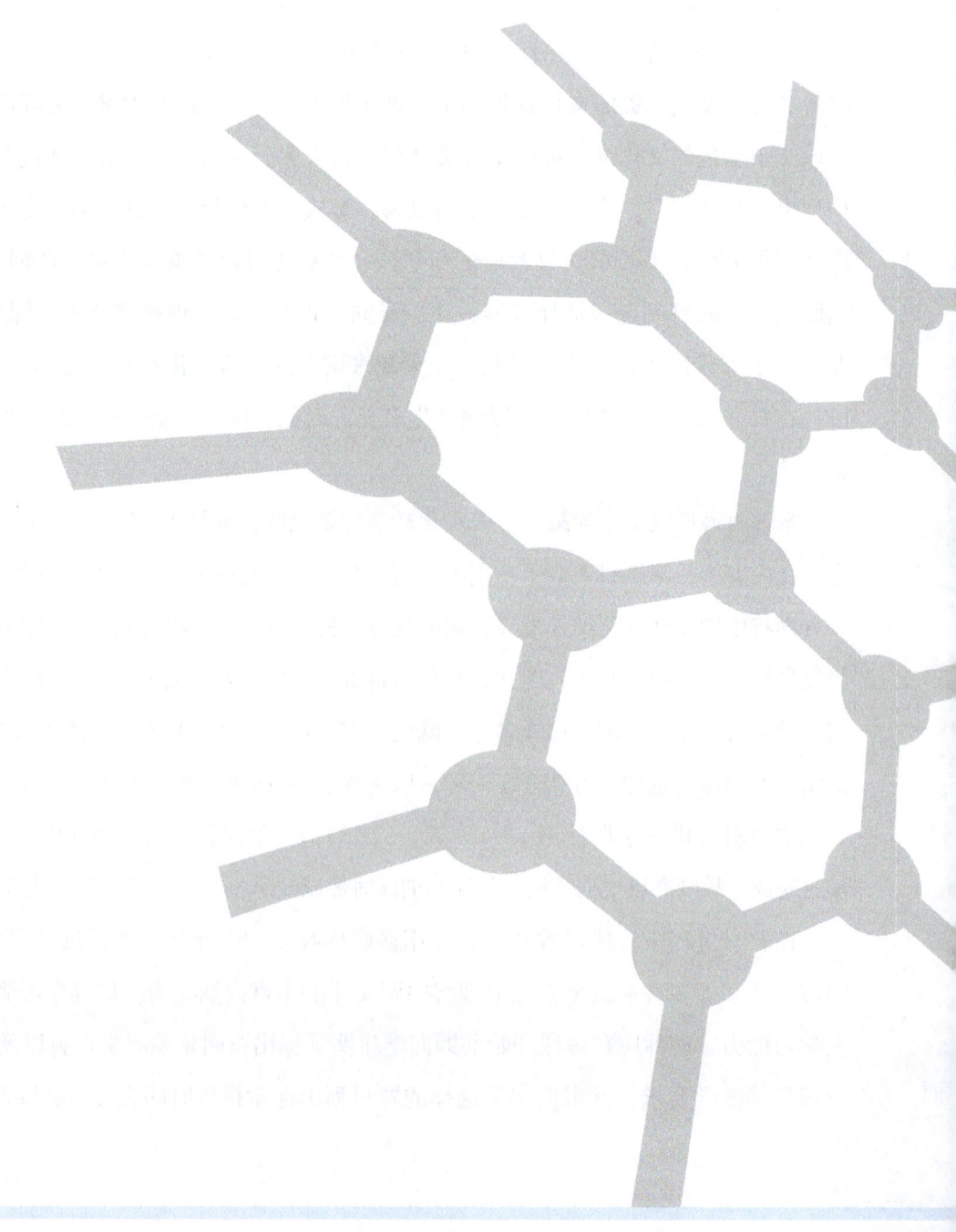

目 录

第一课　**中国古代神话** / 1
　　（一）女娲补天 / 2
　　（二）夸父追日 / 4

第二课　**唐诗宋词赏析** / 9
　　（一）唐诗 / 10
　　（二）宋词 / 11

第三课　**中国民间传说** / 15
　　（一）梁山伯与祝英台 / 16
　　（二）孟姜女哭长城 / 19

第四课　**中国古代建筑** / 23
　　（一）故宫和天坛 / 24
　　（二）传统民居与古典园林 / 28

第五课　**中国民间音乐** / 33
　　（一）二泉映月 / 34
　　（二）中国民歌的分布 / 38

第六课　**中国茶文化** / 45
　　（一）茶简史 / 46
　　（二）茶艺 / 49

第七课　　中国医药文化　/ 55

　　　　　　（一）《黄帝内经》 / 56

　　　　　　（二）《本草纲目》 / 59

第八课　　中国古代教育　/ 63

　　　　　　（一）古代书院　/ 64

　　　　　　（二）科举制度　/ 67

附　录　　课后练习题参考答案　/ 73

第一课

中国古代神话

一　学习目标

1. 了解中国古代神话产生的历史背景。

2. 了解"女娲补天"和"夸父追日"的文化意义。

3. 通过中外神话的异同对比,增进对人类文化多样性和差异性的理解。

二　预习思考

1. 女娲是谁?她为什么要补天?

2. 夸父是谁?他为什么要追日?

3. 在你们国家有哪些著名的神话?跟中国神话相比有什么不同?

（一）女娲补天

世界上很多古老的民族都有自己的神话传说，这些神话传说从独特的角度反映了各民族的历史与文化。

女娲是中国古代神话中的一位女神。相传她人首蛇身，与伏羲是兄妹。传说女娲创造和养育了世间万物——不仅用黄土造人，而且制定了嫁娶礼仪。当人类遇到洪水灾害的时候，她还用五色石来补天，使人们重新过上幸福安宁的生活。因此在中国民间，女娲受到了广泛而长久的崇拜。

"女娲补天"的神话被记录在中国古代典籍《淮南子》中。在遥远的古代，水神共工和火神祝融打起仗来，最终祝融打败了共工。共工因为输了，就愤怒地朝西边的不周山撞去。哪知那不周山是撑天的柱子，被共工撞得裂开了。支撑天地的大柱子折了，天倒下了半边，出现了一个大窟窿，地也出现了一道道大裂缝，山林烧起了大火，洪水从地底下喷涌而出，猛兽也跑出来吃人，人类面临着从未遇到过的大灾难。

女娲目睹人类遭受如此巨大的灾难，内心感到无比痛苦。为了终止这场灾难，她下决心补天。女娲选用各种颜色的石子，把它们放在火中熔化成石浆，并用这些石浆把天上的大窟窿补好。随后，她又砍下一只大乌龟的四只脚，作为撑天的四根柱子，把倒下的半边天撑起来。女娲还抓住并杀死了伤害人民的黑龙，使猛兽不敢再出来害人。最后，女娲收集了大量芦草，把它们烧成灰，用来堵住四处漫流的洪水。

经过女娲一番艰难的整治，天总算补上了，地也填平了，洪水止住了，人们又重新过上了平安快乐的生活。但是这场特大的灾难毕竟留下了痕迹。从此，天还是有些向西北倾斜，因此太阳、月亮和星星都很自然地归向西方；又因大地向东南倾

人首蛇身　rén shǒu shé shēn
人的头，蛇的身体。

世间万物　shìjiān wànwù
世界上的一切事物。

嫁娶　jiàqǔ
嫁，女子结婚。娶，男子结婚。嫁娶，泛指婚姻。

折　shé
断。

窟窿　kūlong
洞。

裂缝　lièfèng
本文指地面上裂开的、细长的、低下去的地方。

目睹　mùdǔ
亲眼看到。

熔化　rónghuà
固体加热到一定温度变为像水一样的东西。

浆　jiāng
较浓的、像水一样的东西。

痕迹　hénjì
物体走过后或事情发生后留下来的印记。

倾斜　qīngxié
因偏向某个方向而不能保持平衡。

斜,所以一切江河都往那里汇流。每当天空出现彩虹的时候,人们就说那是伟大的女娲用来补天的神石发出的彩光。

汇流 huìliú
水流等汇合。

彩虹 cǎihóng
大气中的一种光学现象,由外至内呈现出七种颜色。

【文化注释】

《淮南子》 Huáinánzǐ

中国古代典籍。一般认为,这本书是由西汉时期(前206—公元25)的淮南王刘安以及他的宾客们写的,是一部以道家思想为主的著作,其中保存了部分中国古代神话,如"女娲补天""共工怒触不周山""嫦娥奔月"等。

【专有名词】

1. 女娲　Nǚwā　中国古代神话传说中一位女神的名字。
2. 伏羲　Fúxī　中国古代神话传说中一位男神的名字。
3. 共工　Gònggōng　水神的名字。
4. 祝融　Zhùróng　火神的名字。
5. 不周山　Bùzhōu Shān　中国古代神话传说中一座山的名字。

练 习

一、画线连接意思相近的词语

1. 嫁娶　　　　A. 断
2. 折　　　　　B. 结婚
3. 窟窿　　　　C. 印记
4. 痕迹　　　　D. 亲眼看到
5. 目睹　　　　E. 洞

二、判断正误

1. 在中国古代典籍《淮南子》中,记录了"女娲补天"的神话。　　(　　)
2. 在中国古代神话传说中,东方的不周山是撑天的柱子。　　　　(　　)
3. 水神共工和火神祝融打起仗来,水神打败了火神,撞倒了不周山,引发了

洪水。( )
4. 女娲用熔化的五色石填补好了天上的窟窿。( )
5. 女娲斩下了一只大象的四只脚，支撑倒塌的天。( )
6. 所有的龙都被女娲杀死了。( )
7. 女娲补天后，天空向东南倾斜，大地向西北倾斜。( )
8. 女娲补天后，天空中出现了彩虹。( )

三、回答问题

1. 在中国古代神话传说中，女娲是什么样的形象？
2. 为什么女娲在中国民间受到广泛崇拜？
3. "女娲补天"的神话被记录在哪本古代典籍中？
4. 共工是谁？他为什么要撞不周山？不周山在哪儿？这座山与一般的山有什么不同？
5. 共工撞了不周山之后，天和地发生了哪些变化？
6. 女娲为什么要补天？她是怎么补天的？又是怎么堵住洪水的？
7. 这场特大的灾难留下了哪些痕迹？

四、今天我来讲

在你们国家有哪些著名的神话？给大家介绍其中的一个。

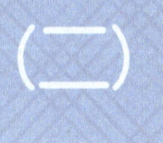

(二) 夸父追日

在中国古代典籍《山海经》中，记录了"夸父追日"的神话。

远古时候，北方荒野中有一座巍峨的高山。在山林深处生

荒野 huāngyě
荒凉的野外。

巍峨 wēi'é
形容（山）高大。

活着一群力大无穷的巨人，他们的首领是大地的母亲"后土"的孙子，名字叫"夸父"，因此这群人被称为"夸父族"。他们不仅身强力壮、高大魁梧，而且心地善良、勤劳勇敢，过着与世无争的日子。

那时候大地荒凉，到处是毒蛇猛兽，人们生活得十分凄苦。夸父为了让本部落的人们活下去，每天都率领大家跟猛兽搏斗。

有一年，天气非常热，火辣辣的太阳直射在大地上，烤死了庄稼，晒焦了树木，河流也干枯了。夸父族的人热得难以忍受，纷纷死去。

夸父看到这种情景，非常难过。他仰头望着太阳，对族人们说："太阳实在是可恶，我要追上太阳，捉住它，让它听从人的指挥。"族人听后纷纷劝阻。

有的人说："你千万别去呀，太阳离我们那么远，你会累死的。"

有的人说："太阳那么热，你会被烤死的。"

但夸父已下定决心，他发誓要捉住太阳，让它听从人的吩咐。他坚定地说："为了大家的幸福生活，我一定要去！"

太阳刚刚从海上升起，夸父告别了族人，怀着雄心壮志，向着太阳升起的方向迈开大步，开始了他追日的征程。

太阳在空中飞快地移动，夸父在地上像疾风似的，拼命地追呀追。他穿过一座座大山，跨过一条条河流，大地被他的脚步震得轰轰作响，来回摇摆。

夸父跑累的时候就停下来，稍微打个盹儿。他将鞋里的土抖落在地上，于是这些土形成了大山。夸父渴的时候就喝河水止渴，饿的时候就摘野果充饥，有时他也煮饭。夸父用三块石头架起锅，这三块石头就变成了三座鼎足而立的高山。

首领 shǒulǐng
领导人。

魁梧 kuíwu
形容（身体）强壮高大。

与世无争 yǔshì-wúzhēng
不跟社会上的人发生争执。

荒凉 huāngliáng
人烟很少；十分冷清。

凄苦 qīkǔ
凄惨痛苦。

搏斗 bódòu
用手或者用刀、棒等激烈地对打。

可恶 kěwù
令人讨厌；使人恼恨。

发誓 fāshì
正式地说出表达决心的话。

雄心壮志 xióngxīn-zhuàngzhì
远大的理想和志愿。

疾风 jí fēng
猛烈的、速度很快的风。

摇摆 yáobǎi
向相反的方向来回地移动或变动。

打盹儿 dǎ dǔnr
小睡；断续地入睡（多指坐着或靠着）。

鼎足而立 dǐngzú-érlì
像鼎的三只脚一样，三者各立一方。比喻三方面保持分立相持的局面。

夸父追着太阳跑，眼看离太阳越来越近，他的信心也越来越强。越接近太阳，他渴得就越厉害，已经不是喝河水就可以止渴的了。但是他没有放弃，并且一直在鼓励自己："快了，就要追上太阳了，人们很快就会幸福地生活了！"

经过九天九夜，在西边太阳落山的地方，夸父终于追上了太阳。

红彤彤、热辣辣的火球就在夸父眼前，夸父的头上、身上沐浴着万道金光。夸父无比欢欣地张开双臂想把太阳抱住，可是太阳太热了！夸父又渴又累，他跑到黄河边，一口气把黄河的水喝干了，他又跑到渭河边，把渭河的水也喝光了，但是仍感到不解渴。

夸父又向北跑去，那里有纵横千里的大湖，大湖里的水足够他解渴了。但是，夸父还没有跑到大湖边，就在半路上渴死了。

夸父临死的时候，心里充满遗憾，因为他放心不下自己的族人，于是就将自己手中的木杖扔了出去。木杖落地的地方顿时生出一大片郁郁葱葱的桃林。这片桃林一年四季都很茂盛，伸展的枝叶为过往的人们挡住炎热的太阳，结出的鲜桃为勤劳的人们解渴，使人们能够消除疲劳，精力充沛地踏上旅程。

红彤彤 hóngtóngtóng
形容（太阳、火苗或人的脸等）很红。

热辣辣 rèlàlà
形容热得像被火烫着一样。

沐浴 mùyù
洗澡。此处比喻受到（太阳的）照耀。

遗憾 yíhàn
感到后悔或不称心。

郁郁葱葱 yùyùcōngcōng
形容草木苍翠茂盛，长得很好。

茂盛 màoshèng
植物生长得多而茁壮。

疲劳 píláo
因体力或脑力消耗过多而需要休息的不良状态。

精力充沛 jīnglì chōngpèi
精神和体力充足而旺盛。

【文化注释】

1.《山海经》 Shān-hǎi Jīng

中国古代典籍，主要记录了中国古代地理、神话、宗教、民俗和民族等方面的内容。一般认为，《山海经》不是一个人编写的，其写作时间大约始于战国（前475—前221）初年。西汉时期由刘向和刘歆（xīn）父子两人整理合编的《山海经》是最早的版本。

2. 夸父追日　kuāfù-zhuīrì

中国古代有名的神话故事，突出了夸父勇敢无比的英雄形象和牺牲自我、造福后代的精神。现在人们多用"夸父追日"来比喻做事决心大，或者做事时不能正确估计自己的力量和能力。

【专有名词】

1. 后土　Hòutǔ　神的名字。
2. 黄河　Huáng Hé　河的名字，是中国第二大河。
3. 渭河　Wèi Hé　河的名字。

练　习

一、选词填空

A. 与世无争　B. 力大无穷　C. 身强力壮　D. 雄心壮志　E. 鼎足而立　F. 心地善良

1. 远古时候，在北方荒野的山林深处，生活着一群＿＿＿＿的巨人。他们的首领叫"夸父"，因此这群人就被称为"夸父族"。他们不仅＿＿＿＿、高大魁梧，而且＿＿＿＿、勤劳勇敢，过着＿＿＿＿的日子。

2. 太阳刚刚从海上升起，夸父告别了族人，怀着＿＿＿＿，向着太阳升起的方向迈开大步，开始了他追日的征程。

3. 有时候夸父也煮饭。他用三块石头架起锅，这三块石头就变成了三座＿＿＿＿的高山。

二、判断正误

1. 在中国古代典籍《山海经》中，记录了"夸父追日"的神话故事。　　（　　）
2. 远古时候，有一群力大无穷的巨人，他们的首领叫"后土"。　　　　（　　）
3. 夸父和他的族人生活得很幸福。　　　　　　　　　　　　　　　　（　　）
4. 夸父想捉住太阳，他的族人都支持他的想法。　　　　　　　　　　（　　）
5. 经过九天九夜，在太阳落山的地方，夸父终于追上了它。　　　　　（　　）
6. 夸父因为太累了，死在了去大湖的路上。　　　　　　　　　　　　（　　）
7. 夸父临死的时候，把他的木杖扔了出去，木杖变成了大片茂盛的桃林。（　　）

三、回答问题

1. 夸父是谁?他的族人有着怎样的身体特征?他们的生活环境怎么样?
2. 夸父为什么要追赶太阳?他的族人支持他吗?为什么?
3. 夸父追日的过程辛苦吗?他口渴后在哪里喝的水?
4. 夸父在临死之前做了什么事?
5. 桃林有什么作用?
6. 在现代汉语中,"夸父追日"有哪些含义(比喻义)?

四、思考与讨论

如果你是夸父的族人,你支持他去追赶太阳吗?理由是什么?

五、小组活动:角色扮演

4～5人一组,分别扮演"夸父追日"中的不同角色,如夸父、族人甲、族人乙、"旁白"等,再现"夸父追日"的故事。

第二课

唐诗宋词赏析

一 学习目标

1. 了解中国古典诗词的基本特点。

2. 感受李白《静夜思》所表达的思乡之情。

3. 了解苏轼的人生经历以及《水调歌头·明月几时有》所表达的思想感情。

二 预习思考

1. 在中国文学史上,李白为什么被称为"诗仙"?

2. 苏轼的文学艺术作品以及人生态度对当代中国人有哪些影响?

3. 在你们国家有哪些有名的诗人和诗歌作品?请介绍其中之一。

（一）唐 诗

静夜思

李白

床前明月光，

疑是地上霜。

举头望明月，

低头思故乡。

疑 yí
好像。

霜 shuāng
在气温降到0℃以下时，空气中的水汽与地面接触结成的白色物质。

举头 jǔ tóu
抬头。

思 sī
（名词）思绪；（动词）想念。

【文化注释】

李白 Lǐ Bái

李白（701—762）是唐朝最伟大的浪漫主义诗人，在中国文学史上被称为"诗仙"。他善于从民歌和神话中汲取营养，其诗风格自由，语言自然，节奏和谐，具有丰富的想象力。

【译文】

明亮的月光照在床前，好像地上有了白霜。我抬起头来看那窗外的一轮明月，又低下头想念起远方的家乡。

练 习

一、课堂讨论

1. 这首小诗在艺术表现上有哪些特点？
2. 除《静夜思》外，李白还有哪些著名的诗作？请选择你喜欢的一首，给大家介绍一下。

二、比较下面两首唐诗，说一说它们有哪些相同点和不同点。

相思

王维

红豆生南国，
春来发几枝。
愿君多采撷，
此物最相思。

望庐山瀑布

李白

日照香炉生紫烟，
遥看瀑布挂前川。
飞流直下三千尺，
疑是银河落九天。

三、今天我来讲

1. 在你们国家有哪些表达思乡感情的诗歌？给大家介绍一首。
2. 介绍一位你喜欢的诗人（中国的或你们国家的诗人都可以）。

（二）宋　词

水调歌头

苏轼

丙辰中秋，欢饮达旦，大醉，作此篇，兼怀子由。

达旦　dá dàn
到早晨。
兼　jiān
同时。
怀　huái
思念。

中国文化基础（下）

明月几时有？把酒问青天。不知天上宫阙，今夕是何年？我欲乘风归去，又恐琼楼玉宇，高处不胜寒。起舞弄清影，何似在人间？

转朱阁，低绮户，照无眠。不应有恨，何事长向别时圆？人有悲欢离合，月有阴晴圆缺，此事古难全。但愿人长久，千里共婵娟。

把酒　bǎ jiǔ
端起酒杯。

宫阙　gōngquè
宫殿。

夕　xī
晚上。

归去　guīqù
回到天上去。

琼楼玉宇　qiónglóu-yùyǔ
白玉砌成的楼阁，相传是月亮上的美丽建筑。

不胜　bù shèng
忍受不住。

弄清影　nòng qīng yǐng
和自己孤独的影子一起游戏。

朱阁　zhū gé
红色的楼阁。楼阁通常是建在高处的两层建筑，可以看到远处的风景。

绮户　qǐ hù
刻有图案的门窗。

无眠　wú mián
无法进入睡眠状态；失眠。

悲欢离合　bēi-huān-lí-hé
悲伤、欢乐、离别、相聚。

但愿　dànyuàn
只希望。

婵娟　chánjuān
美丽的月光，代指月亮。

【文化注释】

1. 水调歌头　Shuǐdiào Gētóu

词牌名，词牌指词的调子的名称。这首词是苏轼的代表作，也是独具特色、脍炙人口的著名作品。1076年，苏轼在密州（今山东省境内）任太守，当时已经40岁的他在政治上的愿望无法实现。中秋节这天，苏轼非常想念自己的弟弟子由，内心感到十分悲伤，于是写下了这首词。在词中，苏轼通过对月宫仙境的想象，在一种极富浪漫色彩的探索和思考中，表达了自己思想的矛盾以及对人生的认识。

2. 苏轼　Sū Shì

苏轼（1037—1101），字子瞻（zhān），号"东坡居士"，世称"苏东坡"，北宋（960—1127）著名文学家。他知识丰富，多才多艺，在书法、绘画、诗词、散文各方面都有很高的水平，是北宋时期的文坛领袖。

3. 丙辰　bǐng-chén

中国古代用干支表示日、月、年的顺序。干支是天干和地支的合称。天干有十个，分别是：甲、乙、丙、丁、戊、己、庚、辛、壬、癸。地支有十二个，分别是：子、丑、寅、卯、辰、巳、午、未、申、酉、戌、亥。拿天干与地支相配，共配成60组，可循环使用，组成了干支纪年法。"丙"为天干的第三位，"辰"为地支的第五位，"丙辰"即为干支之一。在这首词中，"丙辰"指丙辰年，即宋神宗熙宁九年（1076）。现在中国农历的年份仍用干支表示。

【专有名词】

1. 中秋　Zhōngqiū　中国的传统节日，时间在每年农历八月十五日。
2. 子由　Zǐyóu　人名，苏轼的弟弟。

【译文】

　　丙辰年的中秋节，高兴地喝酒直到第二天早晨，喝到大醉，写了这首词，同时思念弟弟子由。

　　明月什么时候出现的？（我）端着酒杯问青天。不知道天上的神仙宫殿里，现在是什么年代了？① 我想乘着风回到天上②，又怕玉石砌成的美丽月宫，担心在高空中忍受不住寒冷③。我对着月亮开始跳舞，孤单的影子随人舞动，仿佛乘着云、驾着风，身在天上，哪里像在人间！

　　（月光）转过朱红色的楼阁，低低地洒在美丽的窗前，照着床上无法入睡的人。月亮不应该有什么不满和恨意吧，为什么总是在亲人离别的时候才这样圆？人生有悲伤、欢乐、离别、相聚的变化，月亮也有阴晴转换与圆满、残缺的不同，这种情况自古以来就难以周全。但愿离别的人啊，能够平安健康，即使远隔千里，也能共享这美丽的月光。

---

① 传说神仙世界里只过几天，地下已是几年，所以作者有此设问。
② 好像自己本来就是从天上下到人间来的，所以说"归去"（回到天上）。
③ 传说月中宫殿叫"广寒宫"。

练 习

一、朗读这首词，并将下面的句子译成现代汉语

但愿人长久，千里共婵娟。

二、查阅资料，回答问题

1. 苏东坡是哪个时代的人？他有哪些才能？
2. 这首《水调歌头·明月几时有》是在什么样的环境下完成的？表达了作者怎样的思想感情？

三、今天我来讲

在你们国家有没有以月亮为主题的文学作品？如果有，给大家介绍一下。

第三课

中国民间传说

一　学习目标

1. 了解中国古代四大民间爱情传说的名称和主题。

2. 了解"梁祝"传说与"孟姜女"传说的文化意义。

3. 了解非物质文化遗产的概念与内涵。

二　预习思考

1. 为什么"梁祝"传说被誉为爱情的"千古绝唱"？

2. 在你们国家有哪些家喻户晓的传说故事？

3. 什么是非物质文化遗产？为什么要保护非物质文化遗产？

（一） 梁山伯与祝英台

"梁山伯与祝英台"与"白蛇传""孟姜女""牛郎织女"并称中国古代四大民间爱情传说，其中"梁山伯与祝英台"是在世界上影响最为广泛的中国民间传说之一。"梁祝"故事在中国民间流传已有1460多年，可谓家喻户晓，被誉为爱情的"千古绝唱"。2006年5月20日，经中国国务院批准，"梁祝"传说被列入第一批国家级非物质文化遗产名录。

传说在距今1700年前的晋朝，中国南方一条清澈（chè）美丽的小河的岸边，有个员外的女儿，名字叫祝英台。她既美丽又聪明，渴望像古代著名的文学家一样富有才学，获得知识。虽然按照当时的传统，女孩子不被允许进学校上学，但她还是说服父亲同意自己穿上男人的衣服，前往杭州的学校求学。在去杭州的路上，她遇见了梁山伯，一个来自会稽的书生。他们虽然第一次见面，但是像老朋友一样谈得非常高兴，于是两人在一个叫作"草桥亭"的地方结拜为"兄弟"，从此共同度过了三年的学习时光。在学校里，他俩形影不离，英台深深地爱着山伯，但山伯并不知道英台是女子。虽然他对英台感情深厚，但也只是把英台当作兄弟。

时间一天天地过去了。三年以后，员外非常思念自己的女儿，不断要求她回去，英台只好返回家乡。在分别的时候，山伯与英台依依不舍。英台向山伯暗示自己的爱情，但山伯不明白其中的原因。英台没有办法，只好假装对山伯说自己家中有一个排行第九的妹妹，与自己长得十分相似，希望把妹妹嫁给山伯，山伯高兴地答应了。由于山伯家里很穷，没有足够的路费，他没能按照约定的时间到英台家求婚。等他终于到了那里的时候，祝英台已经被父亲许配给了别人。梁山伯知道事情的真相以后，马上和祝英台相约见面。两人泪眼相对，立下誓言：活着的时候不能成为夫妻，死后也要在一起。

家喻户晓 jiāyù-hùxiǎo
每家每户都知道。

千古绝唱 qiāngǔ-juéchàng
指从来少有的好作品。

员外 yuánwài
古代对官员和地主豪绅的称呼。

书生 shūshēng
古代对读书人的称呼。

结拜 jiébài
因为感情好而通过一定的形式结为兄弟等。

形影不离 xíngyǐng-bùlí
像身体和影子那样分不开，形容彼此关系密切，经常在一起。

依依不舍 yīyī-bùshě
形容不忍心分离的样子。

排行 páiháng
（兄弟姐妹）按照年纪大小排列顺序。

许配 xǔpèi
女子被家长要求与某人结婚。

泪眼相对 lèi yǎn xiāngduì
充满泪水的眼睛相互看着，形容非常悲伤。

誓言 shìyán
表达决心时说的话。

后来梁山伯被任命为地方官员，但他因思念英台、内心悲伤而得了重病，不久就离开了人世。祝英台听到这个消息之后非常悲痛，无法用语言描述内心的痛苦。她决定追随梁山伯，放弃自己的生命。在出嫁的那一天，当她经过梁山伯的坟墓时，天空突然下起了大雨，打起了响雷，坟墓也裂了开来。祝英台翩然跳进梁山伯的坟墓，很快，破裂的坟墓又恢复到原来的样子。这时候，雨也停了，梁山伯与祝英台变成两只蝴蝶，从墓中飞出，轻快而自由地翩翩起舞。

坟墓　fénmù
人死后埋葬的地方。

翩然　piānrán
形容动作轻快的样子。

【文化注释】

非物质文化遗产　fēiwùzhì wénhuà yíchǎn

英文为 intangible cultural heritage，又称"口头或无形文化遗产"。2003年10月，联合国教科文组织第32届大会通过了《保护非物质文化遗产公约》，根据这个公约，非物质文化遗产指被各群体、团体、有时为个人所视为其文化遗产的各种实践、表演、表现形式、知识体系和技能及其有关的工具、实物、工艺品和文化场所。截至2017年5月，已有174个国家加入《保护非物质文化遗产公约》。中国于2004年8月加入该公约，中国的非物质文化遗产指各族人民世代相传的各种传统文化表现形式，以及与之相关的实物和场所。包括：（1）传统口头文学以及作为其载体的语言；（2）传统美术、书法、音乐、舞蹈、戏剧、曲艺和杂技；（3）传统技艺、医药和历法；（4）传统礼仪、节庆等民俗；（5）传统体育和游艺；（6）其他非物质文化遗产。

【专有名词】

1. 晋朝　Jìncháo　朝代名（265—420）。
2. 会稽　Kuàijī　地名，今天的浙江省绍兴市。

练 习

一、选词填空

A. 孟姜女　　B. 蝴蝶　　C. 形影不离　　D. 才学　　E. 依依不舍　　F. 翩然

1. "梁山伯与祝英台"与"白蛇传""_____""牛郎织女"并称中国古代四大民间爱情传说。

2. 祝英台既美丽又聪明，渴望像古代著名的文学家一样富有_____，获得知识。

3. 在学校里，梁山伯与祝英台_____，英台深深地爱着山伯，但山伯并不知道英台是女子。

4. 三年以后，员外非常思念自己的女儿，不断要求她回去，英台只好返回家乡。在分别的时候，山伯与英台_____。

5. 祝英台出嫁的那一天，在经过梁山伯的坟墓时，天空突然下起了大雨，打起了响雷，坟墓也裂了开来。祝英台_____跳进了梁山伯的坟墓。

6. 这时候，雨也停了，梁山伯与祝英台变成两只_____，从墓中飞出，轻快而自由地翩翩起舞。

二、判断正误

1. "梁山伯与祝英台"是世界上影响最广泛的中国民间传说之一。（　　）
2. "梁祝"传说至今已经流传了近1000年。（　　）
3. 在中国古代，女孩子可以跟男孩子一起去学校上学。（　　）
4. 在学校，梁山伯不知道祝英台是一个女孩子，只把她当作兄弟对待。（　　）
5. 祝英台家里有一个排行第九的妹妹，英台想把自己的妹妹嫁给梁山伯。（　　）

三、回答问题

1. 祝英台是一个怎样的女孩子？她为了能上学，做了什么事？
2. 在学校里，祝英台对梁山伯的感情与梁山伯对她的感情有什么不同？
3. 祝英台离开学校的原因是什么？在分别的时候，英台怎样向山伯暗示自己对他的爱情？
4. 山伯为什么没有能够按照约定到英台家求婚？等他到了那里的时候，发生了什么事？
5. 山伯与英台的誓言是什么？
6. 梁山伯是怎么死的？英台听到这个消息之后，做出了怎样的决定？
7. 祝英台出嫁的那一天，天气怎么样？当她跳进梁山伯的坟墓时，发生了什么奇迹？

四、今天我来讲

1. 在你们国家有哪些家喻户晓的爱情故事？介绍其中的一个。
2. 在你们国家有哪些非物质文化遗产？选择其中之一，给大家介绍一下。

（二）孟姜女哭长城

"孟姜女"是中国民间四大爱情传说之一，在各地流传范围很广。

相传当年**秦始皇修长城**时，人民劳役繁重，**万喜良**和孟姜女这对年轻夫妻新婚三天，新郎就被抓去修筑长城，不久因饥寒劳累而死，尸骨被埋在长城的城墙下。天气越来越冷，孟姜女因惦念丈夫，决定去给他送御寒的衣服。她历尽艰辛，不远万里来到长城脚下寻夫，得到的却是丈夫已死的噩耗。孟姜女在长城脚下痛哭不止，哭到七天七夜时，这段长城坍塌了，露出了万喜良的尸骨。孟姜女将万喜良安葬之后，绝望地投海身亡。

在北京地区也流传着孟姜女的传说，故事的名字叫"万喜良桥"。

相传秦朝时候，有一户姓孟的人家，把一个葫芦籽种在了院墙下面。葫芦秧长起来后，隔墙爬到了姓姜的邻居家，结了一个大葫芦。姓孟和姓姜的两家都想要这个大葫芦，于是，姓孟的人家出了个主意：把葫芦锯开，各得一半。姜家同意了。葫芦锯开后，从里面走出一个不大点儿的小女孩。姜家和孟家都觉得稀罕，就一起把她养起来，并给她取名"孟姜女"。

孟姜女喜读诗书。十七岁时，她爱上了一个叫万喜良的书生，就和他结成美满姻缘。

劳役 láoyì
（被）强迫的劳动。

繁重 fánzhòng
（工作、任务）多而重。

惦念 diànniàn
心里总想着，放不下；惦记。

御寒 yùhán
抵御寒冷。

噩耗 èhào
指亲近的人死亡的消息。

坍塌 tāntā
（建筑物等）倒下来。

绝望 juéwàng
希望断绝；毫无希望。

葫芦 húlu
一种草本植物，果实中间细，像两个球连在一起，表面光滑。

秧 yāng
植物的幼苗；植物的茎。

中国文化基础（下）

　　这一年，秦始皇因为修长城到处抓劳力，孟姜女的丈夫万喜良也被抓去修筑长城。

　　传说当时天上有几个太阳轮流值班，没有黑夜，只有白天。所以修长城的民工们又困又乏，倒下的不计其数，万喜良也饥渴困累地倒下了。人们以为他死了，就把他和累倒的民工一起放到了城墙里，并在上面压上了石头和砖块。

　　孟姜女在家里等了两年不见丈夫归还，心如火焚，思念万千。后来有人捎信说她的丈夫死了，孟姜女悲痛欲绝，茶饭不进。她带上路费，想去找到丈夫的尸体，就沿着山海关的城头，一路寻找下去。

　　这一天，她来到了离北京城不远的密云县古北口，实在走不动了，就靠在长城根下休息。想到丈夫的不幸遭遇，她的泪水像断了线的珍珠一样，竟然把城墙根都泡软了。城墙哗的一声现出一个缺口，里面露出了一架白骨。孟姜女一边哭一边说："我把中指咬破，让血滴在你的白骨之上。如果我的血浸入骨内，你就是我的丈夫；如果浸不进去，你便是冤死之鬼。"说完她咬破中指，将血滴在白骨上。只见那尸骨像海绵（mián）吸水一样，将血吸了进去。

　　孟姜女见到这一情景，号（háo）啕（táo）痛哭，想要撞死在城墙上。官兵赶忙把要撞城墙的孟姜女拖住了。

　　官兵们把她拖到附近的河岸边，只见秦始皇手拿着扇子正在欣赏河岸风光。他见一群士兵拖上来一个年轻美貌的女子，心里十分高兴，便走下车，来到女子跟前。他把孟姜女上上下下打量了一番，只见孟姜女长得好一副美丽容貌！秦始皇连连称赞，并打算收她为西宫，说："跟我进京吧，保你享不尽的荣华富贵。"孟姜女听了，说："让我跟万岁进京不难，得给我丈夫在这条河上修座桥，题名'万喜良桥'，如果不答应，我就碰死在万岁的车前。"

　　于是，秦始皇传下圣旨。很快，"万喜良桥"修好了。

锯　jù
拉（lá）开坚硬材料（如木料、石料、钢材等）的工具；用锯拉。

稀罕　xīhan
稀少，新奇。

姻缘　yīnyuán
指婚姻的缘分。

乏　fá
累。

不计其数　bùjì-qíshù
无法计算数目，形容数量极多。

饥渴　jīkě
又饿又渴。

心如火焚　xīnrú-huǒfén
心里好像有火烧起来一样。

捎信　shāoxìn
（口语）传递信息。

悲痛欲绝　bēitòng-yùjué
形容非常伤心。

浸　jìn
液体渗（shèn）入或渗出。

冤死　yuānsǐ
受到不公平的待遇（被冤枉）而死去。

打量　dǎliang
观察人的衣着、外貌；仔细地看。

西宫　xīgōng
皇帝的嫔（pín）妃（fēi）居住的地方，借指嫔妃。

荣华　rónghuá
草木开花；比喻兴盛或显贵、发达。

圣旨　shèngzhǐ
皇帝的命令。

孟姜女站在桥上，望着滚滚而流的河水喊道："让我跟你一起去吧！"说完，孟姜女就一头扑进河里。后来，人们就在孟姜女登长城的地方——山海关，修了一座"孟姜女庙"，用来纪念她。

庙　miào
供奉神佛或历史名人的地方。

【文化注释】

长城　Chángchéng

又称"万里长城"，是中国古代也是世界上修建时间最长、工程量最大的一种墙体式军事防御工程。长城修筑的历史可上溯到西周和春秋战国时期。秦始皇统一中国后，进一步连接和修缮了战国长城，始有"万里长城"之称。秦代以后，汉、晋、隋、唐、宋、辽、金、元、明、清等各个朝代，都不同规模地修筑过长城。今天人们所看到的长城大多是明代修筑的（例如位于北京延庆的八达岭长城）。1987年12月，长城被联合国教科文组织列入"世界文化遗产"。

【专有名词】

1. 秦始皇　Qín Shǐhuáng　中国历史上第一个使用"皇帝"称号的君主（前259—前210）。
2. 万喜良　Wàn Xǐliáng　人名，中国民间传说他是孟姜女的丈夫。
3. 山海关　Shānhǎi Guān　地名，长城东端的重要关口。
4. 古北口　Gǔběikǒu　地名，位于现北京市密云区。

练　习

一、判断正误

1. 孟姜女的丈夫在结婚当天就被抓去修筑长城了。　　　　　　　　　（　　）
2. 为了给丈夫送保暖的衣服，孟姜女走了很远的路，终于来到长城脚下。（　　）
3. 得知丈夫已死的消息后，孟姜女哭了三天三夜，把长城都哭倒了。　（　　）
4. 孟姜女要求秦始皇为她的丈夫在河上修一座桥。　　　　　　　　　（　　）
5. 孟姜女一出生就是一个很特别的女子。　　　　　　　　　　　　　（　　）
6. 在孟姜女的传说中，秦始皇是个了不起的皇帝。　　　　　　　　　（　　）

二、根据课文内容回答问题

1. 孟姜女的名字是怎么来的?
2. 万喜良是谁?他是怎么死的?
3. 秦始皇为什么答应孟姜女修桥的要求?
4. 后来,人们用什么样的形式来纪念孟姜女?为什么?

三、课堂讨论

1. 你认为孟姜女是一个怎样的女子?
2. 在你们国家有没有关于女性的传说故事?如果有,请介绍其中的一个。

第四课

中国古代建筑

一　学习目标

1. 了解中国古代建筑的类型与特点。

2. 了解中国传统民居的不同类型、共同特点与地域差异。

3. 了解中国古典园林的代表作品与文化特征。

二　预习思考

1. 中国古代建筑有哪些类型？它们在材料和结构上有什么特点？

2. 天坛的主体建筑为什么是蓝色的？

3. 中国古代建筑与你们国家的建筑艺术相比，有哪些相同点和不同点？

（一） 故宫和天坛

中国古代建筑有宫殿①、坛庙②、寺观③、佛塔④、民居、园林等不同类型。其中，北京的故宫与天坛是宫殿与坛庙建筑的代表。

故宫位于北京中轴线上，又称"紫禁城"，是明清时期的皇家宫殿，建于明朝永乐四年（1406），永乐十八年（1420）建成，有大小宫殿七十多座，房屋九千多间。故宫不仅是世界上现存规模最大、保存最完整的木质结构建筑之一，而且体现了中国古代宫廷建筑的精华。1987年，故宫被联合国教科文组织列入"世界文化遗产"。

天坛位于北京市区南部，永定门内大街东侧，占地约273万平方米，始建于明朝永乐十八年，清朝乾隆、光绪时期曾重修、改建，是明清两代帝王祭祀⑤天神、祈求五谷丰登的场所，现已被列为"世界文化遗产"。

祈年殿是北京天坛的主体建筑，高38米，是用蓝色琉璃瓦⑥铺（pū）砌（qì）而成的，用来祭祀天。因为天是蓝色的，所以祈年殿象征着天。祈年殿原来的名字叫"大祈殿"，是一座矩形大殿。明代嘉靖二十四年（1545），改为三重（chóng）屋顶的圆形大殿，殿顶自上而下覆盖青色（蓝色）、黄色、绿色三种颜色的琉璃瓦，寓（yù）意天、地、万物。清代乾隆十六年（1751）时，三色瓦顶被改为蓝瓦金顶，更（gēng）名

祈年 qí nián
期盼丰收。

矩形 jǔxíng
长方形。

覆盖 fùgài
动词，遮（zhē）盖。

---

① 宫殿 gōngdiàn：指帝王居住的、高大华丽的房屋。
② 坛庙 tánmiào：坛，古代举行祭祀大典用的台，多用土石建成。庙，即庙宇，供奉神佛或历史名人的处所。
③ 寺观 sìguàn："寺"多用于佛教的庙宇，"观"多用于道教的庙宇，泛指庙宇。
④ 佛塔 fótǎ：佛教的一种建筑物，通常有五层到十三层不等。
⑤ 祭祀 jìsì：来源于古代的一种信仰仪式。用供品向神、佛或祖先行礼，表示尊敬并求保佑。
⑥ 琉璃瓦 liúliwǎ：一种建筑材料，是用较好的黏（nián）土和釉（yòu）料烧制成的瓦。颜色多为绿色或金黄色，用来修盖宫殿或庙宇等。

为"祈年殿"，用作孟春祈谷（祈求丰收）的专用建筑。

除祈年殿外，天坛的主要建筑还有神乐署、斋宫①、圜丘坛、皇穹宇、回音壁等。天坛庞大的建筑群体现了中国传统文化"天人合一"的思想。"天"即大自然。在古代中国，人们常常把人和天地万物紧密联系在一起，认为人与自然是不可分割（gē）的整体。在这种思想影响下，中国古代建筑的设计者与建造者在处理建筑与环境的关系时，不是采取与自然对立的态度，而是通过建筑设计的奇思妙想，来体现人对大自然的敬畏以及人与自然的和谐关系。

中国古代建筑以木质材料为主，在结构上采用"架构制"，构件之间不用钉子，但建筑物的各个部分之间却连接得更加紧密。每座单体建筑自上而下分为三个部分：屋顶、屋身和台基。屋顶样式根据不同等级，从高到低依次为庑（wú）殿顶、歇（xiē）山顶、悬（xuán）山顶和硬山顶等。"庑殿顶"前后左右有四个坡面，形成五条屋脊②，一般用于帝王宫殿或皇帝批准兴建的庙宇。"歇山顶"也有四个坡面，但左右坡面各有一个垂（chuí）直面，形成九条屋脊。"悬山顶"有前后两个坡面，由于左右两面悬在山墙或屋架外面，所以被称为"悬山"。"硬山顶"是中国古代建筑最普通的一种屋顶样式，只有前后两个坡面，左右两侧的山墙与屋面相交。无论是庑殿顶、歇山顶还是悬山顶、硬山顶，都有优美舒缓的曲线。立柱是屋身的主要构件，主要起承重作用。台基是建筑物的基础，根据等级划分也有不同样式。中国古代皇家建筑和重要的坛庙建筑的屋顶和台基都很高大，特别是屋顶。这些屋顶多以斗拱③支撑（chēng）在柱头和屋檐之间，建筑出檐深远，不仅保护了木结构的屋身，而且增强了屋檐的艺术效果，使建筑物在整体上更加生动。

---

① 斋宫 zhāigōng：皇帝在举行祭天祀地典礼前斋戒的地方。
② 脊 jǐ：架在屋架或山墙上面最高的一根横木，也叫大梁（liáng）或正梁。
③ 斗拱 dǒugǒng：中国古代建筑特有的一种构件，是柱与屋顶之间的过渡部分。"拱"是在立柱和横梁的交接处，从柱顶上加的一层层探出成弓形的承重结构，"斗"是拱与拱之间垫的方形木块，合称"斗拱"。斗拱的作用是使房檐的重量渐次集中到柱子上面，同时具有装饰作用。

孟春　mèngchūn
春季的第一个月，中国传统农历正（zhēng）月。

庞大　pángdà
很大。

奇思妙想　qísī-miàoxiǎng
奇特、巧妙的想法。

舒缓　shūhuǎn
坡度平缓；从容和缓。

曲线　qūxiàn
弯曲的线条。

立柱　lìzhù
柱子，是建筑物中直立的、起支持作用的构件。

承重　chéngzhòng
承受物体的重量。

屋檐　wūyán
屋顶前后坡面的边缘（yuán）部分，也叫"房檐"。

中国文化基础（下）

【文化注释】

1. 北京中轴线　Běijīng zhōngzhóuxiàn

明清以来规划设计的、北京城东西对称布局建筑物的对称轴。明清时期，北京城的中轴线南起永定门，北到钟鼓楼，全长约7.8公里。中轴线上从南向北，依次为永定门、正阳门、中华门、天安门、端门、午门、太和门、太和殿、中和殿、保和殿、乾清宫、坤宁宫、神武门、景山（又称"万岁山"）万春亭、鼓楼。这条中轴线将北京外城、内城、皇城和紫禁城连接在一起，被誉为"世界城市建设历史上最杰出的城市设计范例"之一。

2. 联合国教科文组织　Liánhéguó Jiào-kē-wén Zǔzhī

"联合国教育、科学及文化组织"的简称。英文名称是 United Nations Educational, Scientific and Cultural Organization，缩写为"UNESCO"，成立于1946年11月4日，是联合国下面的专门机构之一。

【专有名词】

1. 永乐　Yǒnglè　明朝第三位皇帝明成祖朱棣（dì）的年号。朱棣在位时间为1403至1424年，前后共22年。
2. 乾隆　Qiánlóng　清朝第六位皇帝的年号，在位时间60年（1736—1795），实际行使最高权力63年，是中国历史上行使最高权力时间最长的皇帝。
3. 光绪　Guāngxù　清朝第十一位皇帝的年号（1875—1908在位）。
4. 嘉靖　Jiājìng　明朝第十一位皇帝的年号（1522—1566在位）。
5. 神乐署　Shényuè Shǔ　坐落于天坛西门内南侧，坐西向东，是专门负责明清两代皇家祭天大典乐舞的机构。
6. 圜丘坛　Yuánqiū Tán　在天坛南半部，是皇帝举行冬至祭天大典的场所。
7. 皇穹宇　Huángqióng Yǔ　在天坛圜丘坛北面，是存放和供奉祭祀神位的场所。
8. 回音壁　Huíyīn Bì　皇穹宇的围墙，因有回音效果而得名。

练 习

一、判断正误

1. 故宫与天坛属于两种不同的建筑类型。前者是坛庙建筑，后者是宫殿建筑。
（　　）

2. 故宫又称"紫禁城"，是明朝皇帝修建的一座皇宫，距今已有近600年的历史。
（　　）

3. 祈年殿是天坛的主体建筑，最早用蓝色的琉璃瓦铺砌而成，用来象征天，后来改为三种颜色的琉璃瓦，用来象征天、地、万物。（　　）

4. 天坛庞大的建筑群体现了中国传统文化中人与自然紧密联系、不可分割，即"天人合一"的思想。（　　）

5. 中国传统建筑以石材为主，在结构上采用"架构制"，构件之间不用钉子，建筑物的各个部分之间却连接得更加紧密。（　　）

6. 中国古代建筑的屋顶样式根据不同等级，从高到低依次为：庑殿顶、歇山顶、悬山顶和硬山顶等，这些样式都有优美舒缓的曲线。（　　）

7. 立柱是屋身的主要构件，主要起承受重量的作用。台基是建筑物的基础，根据等级划分也有不同样式。（　　）

8. 中国古代建筑的屋顶多以立柱作为支撑，不仅保护了木结构的屋身，而且增强了屋檐的艺术效果，使建筑物在整体上更加生动。（　　）

二、课堂讨论

北京中轴线的设计体现了中国古代建筑的哪些特点？

三、今天我来讲

在你们国家有哪些知名建筑或名胜古迹？请介绍其中的一个。

（二） 传统民居与古典园林

中国历史悠久，疆（jiāng）域辽阔。由于自然环境与社会、经济、文化的不同，各地民居类型多种多样，既有北方的四合院民居、窑（yáo）洞民居，又有江南水乡民居、安徽（huī）皖（wǎn）南民居、广东岭南民居以及湘（xiāng）、滇（diān）、黔（qián）等地的少数民族民居。这些传统民居的共同特点是顺应自然、因地制宜。

北京四合院是中国传统民居的代表，建筑布局一般采取中轴对称方式。一座标准的四合院通常有内、外两进院落，房屋坐北朝南。正房在内院北面，既是家庭议（yì）事和接待尊贵宾客的场所，也是长辈居住的地方；内院东、西两侧分为东厢（xiāng）房和西厢房，是晚辈居住的地方。四合院正中是一个接近正方形的院落，院中种植花草树木，为家庭成员提供室外活动和情感交流的空间。

窑洞民居是中国北方中西部地区的住宅形式，主要分布在山西、陕（shǎn）西、河南、甘肃（sù）等省。这种民居充分利用了黄土高原的土层直立不倒的特性，沿水平方向挖掘出拱形窑洞，具有节省材料、施（shī）工设计简单、冬暖夏凉、经济实用的特点。

江南水乡民居是位于中国长江下游地区江苏、浙江等省的传统民居形式，以苏州、无锡（xī）、杭州等地的民居建筑为代表。当地水网密布，地势平坦，传统民居多依水而建，小桥流水人家，形成纤巧、细腻、温情、柔和而宁静的水乡民居文化。

皖南民居位于安徽省南部，以黄山市黟（yī）县境内的西递（dì）和宏（hóng）村为代表。西递建于11世纪中叶，至今已有900多年的历史。因村边有水向西流去，又因古代这里

悠久　yōujiǔ
年代久远。

辽阔　liáokuò
辽远广阔。

因地制宜　yīndì-zhìyí
根据不同地区的具体情况规定适宜的办法。

坐北朝南　zuòběi-cháonán
指房屋位于北侧，门朝南开。

接待　jiēdài
招待。

特性　tèxìng
特点。

挖掘　wājué
发掘。

纤巧　xiānqiǎo
细巧；小巧。

细腻　xìnì
（质地）精细光滑；（描写、表演、感情等）细致入微。

温情　wēnqíng
温柔的感情；温和的态度。

柔和　róuhé
（声音、光线）温和而不强烈。

有递送邮件的驿（yì）站，因此得名"西递"。宏村建于12世纪末，至今已有800多年。这里背山面水，地势较高，风景如画，被誉为"中国画里的乡村"。1999年，西递和宏村被列入"世界文化遗产"。世界遗产委员会的评价是："西递、宏村这两个传统的古村落在很大程度上仍然保持着那些在上个世纪已经消失或改变了的乡村的面貌。其街道的风格、古建筑和装饰物，以及供水系统完备的民居都是非常独特的文化遗存。"皖南民居具有独特的建筑风格，色调以白墙、青瓦为主，错落有致的马头墙不仅造型优美，而且具有防火等实用功能。中国传统民居中常见的木雕（diāo）、石雕、砖雕艺术在西递和宏村的古民居中也得到完好保存。

如果说中国传统民居是因地制宜的产物，中国古典园林则是自然与人工的完美结合。

中国古典园林已有3000多年历史，具有独特的东方情调，在类型上可分为皇家园林、私家园林等不同形式。

皇家园林是帝王游猎（liè）、休憩（qì）、宴（yàn）饮、居住与接待宾客的场所。明清以后，中国的皇家园林集中在北方——特别是北京及周边地区，以颐和园和承德避（bì）暑山庄为代表。园中建筑雕梁画栋，飞檐①翼（yì）角，不同景区与建筑物之间以长廊（láng）、亭、桥相连，既富贵奢华，又与自然山水融为一体。

私家园林主要集中在南方——特别是长江下游的富庶城镇，如江苏南京、苏州、扬州一带，以苏州园林为代表，其中拙（zhuō）政园、留园、网师园、狮子林和沧（cāng）浪亭，被联合国教科文组织列入"世界文化遗产"。私家园林或是文人墨客归隐（yǐn）闲居的地方，或为官宦（huàn）富贾（gǔ）声色犬马的场所。前者多清新雅致，体现了园主淡泊宁静的生活态度；后者多富丽堂皇，表现了其主人讲究奢华、附庸（yōng）风雅的人生趣味。

---

① 飞檐 fēiyán：中国传统建筑的一种屋檐形式，屋檐特别是屋角的檐部向上翘（qiào）起。

背山面水 bèishān-miànshuǐ
指房屋或村落的背面靠山，正面临水。

遗存 yícún
（动词）遗留；（名词）古代遗留下来的东西。

色调 sèdiào
（画面或文艺作品的）色彩。

错落有致 cuòluò-yǒuzhì
错落：参差不齐。致：情趣。形容事物的布局虽然参差不齐，但却很有情趣。

造型 zàoxíng
创造出来的物体的形象。

完美 wánměi
完备美好；没有缺点。

雕梁画栋 diāoliáng-huàdòng
指建筑物上华丽的彩绘装饰。

奢华 shēhuá
（为了显示身份、地位等）花费大量钱财；讲究排场。

富庶 fùshù
物产丰富，人口众多。

文人墨客 wénrén mòkè
有知识、有文化的人。

声色犬马 shēngsè-quǎnmǎ
（贬义）指贪图享受，纵（zòng）情淫（yín）乐的生活。

清新 qīngxīn
（色调、风格）新颖，不俗气；（空气）清爽新鲜。

淡泊 dànbó
（书面语）不追求名利。

富丽堂皇 fùlì-tánghuáng
（建筑物或装饰）宏伟美丽。

中国文化基础（下）

中国古典园林艺术还包括建筑上的楹联、匾额以及庭院中的盆景、铺地等，其中不乏精美绝伦之作。中国园林中的一石一木都透露着文化的意味。园中常有松、柏、竹等植物景观，这些植物具有常青、挺拔、正直的特点，因而被作为高尚品格的象征以及文人雅士对理想道德的追求。

精美绝伦　jīngměi-juélún
精致美好，没有什么东西可以比得上。

挺拔　tǐngbá
（形容树木或人的姿态）直立向上，赏心悦目。

象征　xiàngzhēng
用一个具体的事物来代表一个抽象的事物和它的特殊意义，前者即是后者的象征。

【文化注释】

1. 楹联　yínglián

汉语中一种对偶（ǒu）语句，又叫作"对联"或"对子"，通常写在纸上或刻在竹子、木头或建筑物的柱子上。特点是对仗工整、平仄（zè）协调，是一种独特的语言艺术形式。

2. 匾额　biǎn'é

中国古代建筑的重要组成部分，一般悬挂在门的上方。匾额不仅具有装饰作用，而且可以通过简洁的文字来表达人们的理想与情感，是一种独特的语言艺术形式。

练 习

一、判断正误

1. 中国传统民居形式多样，反映了各地不同的自然环境以及社会、经济、文化特征。（　）
2. 北京四合院一般采取不对称的方式，通常有两进院落，房屋坐北朝南。（　）
3. 窑洞民居是中国北方东南部地区的住宅形式，主要分布在山西、陕西、河南、甘肃等省。（　）
4. 江南水乡民居主要分布在长江下游地区的江苏、浙江等省，以苏州、无锡、杭州等地的民居建筑为代表。（　）
5. 西递与宏村是位于安徽省南部的两个古村落，均建于11世纪中叶。（　）

6. 颐和园、拙政园和承德避暑山庄是皇家园林的代表，留园、网师园、狮子林等是私家园林的代表。（　　）

7. 楹联与匾额是中国建筑艺术的重要组成部分。（　　）

8. 在中国传统文化中，松、柏、竹等植物象征着高尚的品格。（　　）

二、回答问题

1. 举例说明中国有哪些传统民居类型？它们的共同特点是什么？
2. 窑洞民居、水乡民居和皖南民居主要分布在中国哪些地区？它们各有什么特点？

三、课堂讨论

1. 根据世界遗产委员会的评价，说一说西递和宏村为什么会被列入"世界文化遗产"？
2. 来中国以后，你去过课文中提到的哪些地方？根据文中的描述或你自己的亲身体验，说一说中国的皇家园林与私家园林有哪些不同。
3. 举例说明中外建筑艺术有哪些相同点和不同点，原因是什么。

第五课

中国民间音乐

一 学习目标

1. 了解中国民族乐器的种类，特别是二胡的艺术魅力。

2. 通过民歌感受中华民族文化与地域文化的丰富多彩。

3. 了解丝绸之路的含义以及对中外文化交流的影响。

二 预习思考

1. 《二泉映月》与《赛马》的演奏风格有什么不同？

2. 根据不同民族的历史文化背景与地域特点，中国民歌可以分为哪几个风格色彩区？

3. 在你们国家有哪些有代表性的民间音乐？请介绍其中之一。

（一）二泉映月

二胡又被称为"胡琴"，唐代已出现，是中国北方民间一种独特的拉弦乐器。在古代，二胡一般被作为乐队中的合奏（zòu）乐器。现代以来，经过许多名家的改革与创新，二胡已成为一种重要的独奏乐器。在演奏风格上，二胡既适宜表现深沉、悲凉的内容，如《二泉映月》；也能表现奔腾、壮观的气势，如《赛马》。

《二泉映月》是一首著名的二胡独奏乐曲，曲作者叫阿炳，原名华彦钧，生于清朝光绪十九年（1893），是中国现代民间音乐家。

阿炳是江苏无锡人，他的父亲华清和是无锡城中一座道观的当家道士，擅长道教音乐。阿炳很小就失去了母亲，8岁时随父亲在道观中当小道士，后来跟随父亲学习鼓（gǔ）、笛（dí）、二胡、琵琶（pípɑ）等乐器。12岁时，阿炳已能演奏多种乐器，并经常参加与道教音乐有关的演奏活动。由于他刻苦钻研，精益求精，并广泛吸取民间音乐曲调，阿炳在18岁时就被无锡道教音乐界誉为"演奏能手"。

阿炳25岁时，由于父亲去世，他代替父亲做了道观的当家道士。34岁时，他的两只眼睛因病先后失明。为了生活下去，阿炳身背琵琶、胡琴，走上街头，自编自唱，成为街头艺人。40多岁时，阿炳与来自农村的一个寡妇结了婚。每天下午，阿炳都在一家寺院的茶馆门前演唱。

由于他用人们喜闻乐见的说唱形式吸引听众，并且敢于抨击当时社会的黑暗，唱出了百姓的心声，所以深受普通市民的喜爱。每天晚上，阿炳都走街串巷，手拿二胡，边走边拉，声调感人。蜚声国际乐坛的《二泉映月》就是这一时期创作的。

深沉　shēnchén
（声音）低沉；思想感情不外露。

道观　dàoguàn
信仰道教的人进行宗教活动的场所。

当家　dāngjiā
本义为主持家务，引申义为在一定范围内起主要作用。

道士　dàoshi
道教指离开家到道观修行的人。

擅长　shàncháng
在某方面有特长。

演奏　yǎnzòu
用乐器表演。

刻苦　kèkǔ
很下苦功夫；很能吃苦。

钻研　zuānyán
深入研究。

精益求精　jīngyìqiújīng
（学术、技术、作品、产品等）好了还求更好。

誉为　yùwéi
称赞为……

能手　néngshǒu
具有某种技能，对某项工作或运动特别熟练的人。

寡妇　guǎfu
死了丈夫的妇人。

1937年11月，日军侵占了无锡。不久，阿炳去往上海，在昆曲班担任琴师，并在电影中担任表演盲人的群众角色。1939年，阿炳重返无锡。每天上午，他去茶馆搜集各种新闻，回来构思创作，下午在崇安寺茶馆门前演唱；晚上在街头拉着二胡，演奏他自己创作的乐曲。阿炳的琴艺十分高超，可以把琵琶放在头顶上弹奏，还可以用二胡模仿男女老少说话、叹息、欢笑的声音。1947年，他肺病发作，从此不再上街卖艺，而是在家靠修理胡琴艰难地生活。

1949年4月23日，无锡解放，阿炳和他的《二泉映月》等乐曲也获得了新生。1950年暑假期间，中央音乐学院师生为了发掘、研究和保存民间音乐，委托杨荫浏教授等人专程到无锡为阿炳录制了《二泉映月》等三首二胡曲和《昭君出塞》等三首琵琶曲。1950年12月4日，阿炳病逝，终年57岁。

《二泉映月》是阿炳的代表作。他创作这首曲子的时候已双目失明。据阿炳的亲友和邻居们回忆，阿炳卖艺一天却得不到温饱。当他深夜回到小巷时，常随手拉奏这首乐曲，音调凄切哀怨（yuàn），十分动人。这首曲子开始并没有名字，阿炳把它称作"自来腔"，他的邻居们都叫它《依心曲》。后来杨荫浏、曹安和两位教授在录音时联想到阿炳曾在无锡惠山泉边拉琴，就把它命名为《二泉映月》，并定下曲谱名称。不过，也有中国现代音乐家不赞成采用《二泉映月》这个名字，贺绿汀曾说："《二泉映月》这个风雅的名字，其实与阿炳的音乐是矛盾的。与其说音乐描写了'二泉映月'的风景，不如说是深刻地抒发了阿炳自己的痛苦身世。"

1950年深秋，在无锡举行的一次音乐会上，阿炳首次也是最后一次在舞台上演奏了这首乐曲，并博得观众经久不息的掌声。1951年，天津人民广播电台首次播放了这首乐曲。1959年，中华人民共和国10周年国庆时，中国人民对外文化协会又将此曲作为中国民族音乐的代表作之一赠送给国际友人。从此，《二泉映月》这首乐曲在国内外广泛流传，并获得很高评价。1985年，《二泉映月》在美国被灌制成唱片，并在流行全美的中国

喜闻乐见 xǐwén-lèjiàn
喜欢听，乐意看。

说唱 shuōchàng
一种有说有唱的传统表演形式。

抨击 pēngjī
用评论来攻击、批评（人、言论或事物）。

走街串巷 zǒujiē-chuànxiàng
走大街，串小巷，指走遍街道的各个角落。

蜚声 fēishēng
扬名。

乐坛 yuètán
音乐界。

侵占 qīnzhàn
侵略并占领。

琴师 qínshī
戏曲乐队中操琴伴奏的人。

发掘 fājué
挖掘埋藏在地下的东西。

保存 bǎocún
使……继续存在。

委托 wěituō
请人代办。

专程 zhuānchéng
专门为某事到某地。

录制 lùzhì
录音并制作。

曲谱 qǔpǔ
乐谱；戏曲或乐曲等不包括词的部分。

矛盾 máodùn
比喻言语行为完全相反。

经久不息 jīngjiǔ bù xī
长时间的，不停的。

乐曲中排名第一。中国唱片社也曾将阿炳在1950年夏天演奏的《二泉映月》制成唱片，畅销海内外。

《二泉映月》这首乐曲自始至终流露的是一位饱尝人间辛酸和痛苦的盲艺人的思绪情感，作品展示了其独特的民间演奏技巧、风格以及深邃意境，显示了中国二胡艺术的独特魅力。它拓宽了二胡艺术的表现力，获"20世纪华人音乐经典作品奖"。

流露　liúlù
感情等不自觉地表现出来。

深邃　shēnsuì
很深的。

意境　yìjìng
文学艺术作品通过形象描写表现的境界和情调。

魅力　mèilì
很能吸引人的力量。

拓宽　tuòkuān
在原有基础上努力加宽。

【文化注释】

1. 拉弦乐器　lāxián yuèqì

中国民族音乐中极富特色的乐器种类。以胡琴为主，又有二胡、京胡、板胡、高胡、中胡、马头琴等不同类型。形制一般由琴筒、琴杆、琴轴、千金、琴马、琴弓、琴弦组成。拉弦乐器音色柔和，擅长演奏抒情性与歌唱性旋律。在演奏上通过运用各种不同的弓法、指法等技巧，塑造出丰富多样的音乐形象，具有十分细腻、生动的艺术表现力。

2.《二泉映月》　Èrquán Yìng Yuè

二胡名曲。二泉，即江苏无锡惠山泉，传说唐代陆羽曾亲自在这里品茶。因惠山泉泉水富含矿物质，水色清纯，甘洌可口，被誉为"天下第二泉"。

【专有名词】

1. 阿炳　Ā Bǐng　中国民间盲人音乐家。
2. 华彦钧　Huà YànJūn　阿炳的原名。
3. 崇安寺　Chóng'ān Sì　江苏无锡市一座著名寺院的名称。
4. 杨荫浏　Yáng Yīnliú　中央音乐学院教授。

练 习

一、画线连接左右两边可以搭配的词语

1. 擅长   A. 掌声
2. 誉为   B. 音乐
3. 博得   C. 能手
4. 搜集   D. 情感
5. 流露   E. 新闻

二、选词填空

A. 抨击   B. 演奏   C. 心声   D. 发掘   E. 保存   F. 研究   G. 吸引   H. 专程

1. 12岁时，阿炳已能_____多种乐器，并经常参加与道教音乐有关的活动。
2. 由于阿炳用人们喜闻乐见的说唱形式_____听众，敢于_____当时社会的黑暗，唱出了百姓的_____，所以深受市民的喜爱。
3. 1950年暑假期间，中央音乐学院的师生为了_____、_____和_____民间音乐，委托杨荫浏教授等_____到无锡为阿炳录制了曲目。

三、判断正误

1. 阿炳从小学习乐器，在18岁时被人们誉为演奏能手。（　　）
2. 阿炳自幼失明，看不见任何东西。（　　）
3. 《二泉映月》是阿炳的代表作，也是阿炳自己命名的曲目。（　　）
4. 阿炳曾多次登台演奏《二泉映月》，并取得了巨大的成功。（　　）
5. 《二泉映月》显示了中国二胡艺术的独特魅力，拓宽了二胡艺术的表现力。
（　　）

四、回答问题

1. 8岁以后，阿炳跟随父亲学习了哪些乐器？
2. 阿炳后来为什么成为街头艺人？
3. 阿炳的琴艺十分高超，主要表现在哪些方面？

五、课堂讨论

再次欣赏二胡名曲《二泉映月》,并结合课文内容,谈一下这首曲子所表达的思绪情感及其艺术特色。

六、今天我来讲

1. 介绍你喜欢的一首歌(或一支乐曲)。
2. 介绍中国(或你们国家)的一种民族乐器。
3. 介绍你喜欢的一位音乐家,并给大家讲述他(她)的故事。

(二) 中国民歌的分布

民歌是一种即兴演唱的口头艺术,无论在有文字还是无文字的民族中,民歌都直接表达了人民的心声,反映了人民的生活。民歌是人民生活的镜子,也是人民的忠实伴侣。

中国有五十六个民族,各民族文化丰富多彩。根据不同民族的历史文化背景和地域特点,中国民歌大体可以分为以下七个不同的风格色彩区。

1. 北方草原民歌区

这一民歌区主要处于现在的**内蒙古自治区**,以蒙古族民歌为代表。蒙古族历来有"音乐民族""诗歌民族"之称。蒙古族民歌可分为"长调"和"短调"两大类,"长调"民歌主要流行于内蒙古东部牧区以及阴山以北地区,特点是字少腔长,富有装饰性,音调嘹亮悠扬,节奏自由,反映出辽阔草原的气势与牧民的宽广胸怀。著名曲目有《辽阔的草原》《牧歌》等。"短调"民歌主要流行于内蒙古西部和南部半农半牧区,特点是结

即兴 jíxìng
(对眼前景物有所感触)临时发生兴致而创作。

装饰 zhuāngshì
为了好看或好听加上东西。

嘹亮 liáoliàng
声音大而清楚。

构短小，节奏规整。不少叙事歌、情歌、婚礼歌都属于"短调"，著名曲目有《森吉德马》《小黄马》等。北方草原民歌表现了牧民质朴、爽朗、热情、豪放的情感与性格。

2. 西部新疆民歌区

这一民歌区地处新疆，以**维吾尔族和哈萨克族**的民歌为代表。

维吾尔族民歌在音调方面包括了中国音乐、阿拉伯音乐、欧洲音乐三种音乐体系，是中国民歌音调多元化来源最突出的一种。维吾尔族是一个能歌善舞的民族，其歌舞艺术以"十二木卡姆"① 闻名于世。维吾尔族民歌有爱情歌、劳动歌、历史歌、生活习俗歌等四大类。有不少民歌是与舞蹈相结合的，具有活泼、风趣的艺术风格。闻名中外的新疆民歌有《阿拉木罕》《半个月亮爬上来》《达坂城的姑娘》《送我一枝玫瑰花》等。

哈萨克族主要居住在新疆北部，以牧业生产为主。哈萨克族民歌分为三大类：（1）词曲固定的民歌，包括牧歌、狩猎歌、情歌、宗教歌等；（2）即兴填词的民歌，包括山歌、渔歌、谜语歌② 等；（3）习俗歌，包括婚礼歌、哭嫁③ 歌、送嫁歌等。其中以情歌数量最多，大多表现情人离别的痛苦和祝福。闻名全国的哈萨克族民歌有《玛依拉》《等我到天明》等。

3. 西部藏族民歌区

这一民歌区包括西藏自治区和**青海**、四川的部分**藏族**聚居地区，民歌有山歌（牧歌）、劳动歌、爱情歌、风俗歌、诵经调④ 等五大类。由于受佛教文化的影响，藏族民歌演唱活动多与佛教节日有关，其中不少是与舞蹈结合在一起的。藏族民歌的特点是热情、开朗、诚挚、动人，节奏律动感强，极富高原文化特色，著名民歌有《卓玛》等。

---

① 十二木卡姆 Shí'èr Mùkǎmǔ：维吾尔族传统的十二套大型套曲。木卡姆，指大型的、成套的乐曲。

② 谜语歌 míyǔ gē：以歌曲的形式把谜语唱出来并让人猜测的一种民歌形式。

③ 哭嫁 kūjià：新娘在出嫁时大哭的一种古老习俗，现在多演变为一种婚礼仪式。

④ 诵经调 sòngjīng diào：藏族的一种民间艺术，用于唱诵佛教经文。唱诵时主要配合木鱼和其他敲击乐器来完成。

质朴 zhìpǔ
朴素。

能歌善舞 nénggē-shànwǔ
很擅长唱歌和跳舞。

填词 tián cí
（按照词的格律）作词。

谜语 míyǔ
暗含事物或文字内容的一种文字游戏。

聚居 jùjū
集中在一起居住。

诚挚 chéngzhì
指言语或行为很真诚。

律动 lǜdòng
有节奏地跳动。

高原 gāoyuán
海拔较高、地形起伏较小的大片平地。

中国文化基础（下）

4. 西南高原多民族文化民歌区

这一民歌区包括云南、贵州、广西等地的少数民族地区，有二十几个不同民族聚居在这里。该区民歌有着不同层次的古老文化特征，具有特殊的社会功能，民歌大多为"诗、歌、舞"相结合的演唱形式，内容复杂多样。

这一地区有代表性的民歌是多声部民歌，可分为"大歌"和"小歌"。大歌以**侗族**、**布依族**、**壮族**等少数民族民歌最著名，又分男声、女声、童声三种。男声大歌一般节奏性较强，曲调明快。女声大歌节奏较自由，旋律细腻、柔和。小歌除二声部外也有单声部民歌，内容以爱情为主，一般是青年男女在室内用小嗓轻声演唱。

由于西南高原地区的许多民族没有文字，民歌成了他们记载历史、传播知识以及进行社交活动的重要手段，成为日常生活中不可缺少的一部分。其中以苗族古歌的历史最悠久，内容叙述天地的形成、人类的起源等。曲调富于吟诵性，歌唱者多为老人。

5. 东北狩猎民族文化民歌区

这一民歌区主要包括东北大、小兴安岭一带，以**鄂伦春族**民歌为代表。鄂伦春族是一个喜爱歌舞的民族，过去以狩猎为生，每当狩猎满载而归或举行民族节日活动的时候，都要进行歌舞狂欢。

鄂伦春族民歌主要分为三大类：山歌、歌舞曲、萨满调，其中山歌又分为"长调"和"短调"。"长调"高亢刚健，节拍自由；"短调"曲调平稳，节奏规整。鄂伦春族最喜爱的民歌是《额呼兰·德呼兰》，这是一首歌颂大自然的歌。

6. 西北高原多民族文化民歌区

这一民歌区包括甘肃、青海、宁夏的黄河上游地区，这一地区也是汉族、回族、土族、撒拉族、保安族、东乡族、藏族、裕固族等民族聚居的区域，自古以来属于半农半牧文化。历史上，这里曾经是"丝绸之路"的必经之地，东、西文化交流较早，由于长期的多民族文化交融，这里产生了八个民族共

明快　míngkuài
流畅欢快。

吟诵　yínsòng
有节奏地朗读。

满载而归　mǎnzài'érguī
收获满满地回来。

高亢　gāokàng
（声音）高而洪亮。

刚健　gāngjiàn
坚强有力。

歌颂　gēsòng
用诗歌赞美，泛指用言语、文字等赞美。

区域　qūyù
界限、范围（多用于土地的划分）。

交融　jiāoróng
交流、融合。

有的民歌种类——"花儿"。"花儿"曲调高亢悠长，音调深沉婉转，气质粗犷淳朴，是中国西北地区最有代表性的民歌形式之一，闻名中外的曲目有《上去高山望平川》。

7. 汉族民歌区

汉族民歌区是中国各民族文化民歌区中分布最广泛的一个。从寒冷的北方到亚热带的南方，从西北高原、西南高原到东部沿海平原，汉族的地理环境、风俗习惯、生活与生产方式多种多样。汉语有很多方言，东、西、南、北各地方言差异很大，因此，汉族民歌的风格特点也呈现出多样化特征。另一方面，汉族在北方草原民歌区、西北高原以及西南高原多民族文化民歌区都有千万以上的人口，所以不同民歌区的民歌种类也存在着部分重叠的现象。

悠长　yōucháng
漫长，持久。

婉转　wǎnzhuǎn
委婉动听。

粗犷　cūguǎng
粗壮豪放。

淳朴　chúnpǔ
朴实。

亚热带　yàrèdài
地球上的一种气候地带，位于温带靠近热带的地区。

重叠　chóngdié
相同的部分。

【文化注释】

丝绸之路　sīchóu zhī lù

始于秦汉的中外贸易通道。"陆上丝绸之路"源于西汉时期，汉武帝派张骞出使西域，开辟了以首都长安（今西安）为起点，经甘肃、新疆到中亚、西亚，并连接到地中海各国的陆上通道。1877年，一位德国地理学家在他的著作中把从公元前2世纪至公元2世纪间、中国与中亚以及中国与印度之间以丝绸贸易为媒介的交通道路命名为"丝绸之路"，从此，这一名词很快被接受并得到广泛运用。2014年6月22日，由中国、哈萨克斯坦、吉尔吉斯斯坦三国联合申报的"陆上丝绸之路"的东段（丝绸之路：长安—天山廊道的路网）被列为"世界文化遗产"，成为首例跨国合作而成功申遗的项目。

【专有名词】

1. 内蒙古自治区　Nèiměnggǔ Zìzhìqū　中国五个民族自治区之一，位于中国西北部。
2. 维吾尔族　Wéiwú'ěrzú　中国西北地区的少数民族，主要居住在新疆维吾尔自治区。
3. 哈萨克族　Hāsàkèzú　居住在中国西部边疆地区的一个少数民族的名称。
4. 青海　Qīnghǎi　中国西部的一个省份。
5. 藏族　Zàngzú　中国西部的一个少数民族，主要聚居在西藏自治区。
6. 云南　Yúnnán　中国的一个省份，位于西南地区。
7. 贵州　Guìzhōu　中国的一个省份，位于西南地区。

8. 广西　Guǎngxī　中国五个民族自治区之一，全称为"广西壮族自治区"，位于中国南部。

9. 侗族　Dòngzú　中国南方的一个少数民族。

10. 布依族　Bùyīzú　中国南方的一个少数民族，主要分布在贵州南部和西南部。

11. 壮族　Zhuàngzú　中国人口最多的少数民族，主要聚居在广西壮族自治区。

12. 鄂伦春族　Èlúnchūnzú　中国的一个少数民族，主要分布在内蒙古自治区和黑龙江省。

13. 甘肃　Gānsù　中国西部的一个省份。

14. 宁夏　Níngxià　中国五个民族自治区之一，全称为"宁夏回族自治区"，位于中国西北地区。

15. 回族　Huízú　中国的一个少数民族，聚居在宁夏回族自治区，此外在中国其他地区也有分布。

16. 土族　Tǔzú　中国西北地区的一个少数民族。

17. 撒拉族　Sālāzú　中国的一个少数民族，主要居住在西北地区。

18. 保安族　Bǎo'ānzú　中国西北地区的一个少数民族。

19. 东乡族　Dōngxiāngzú　中国西北地区的一个少数民族。

20. 裕固族　Yùgùzú　中国西北部地区的一个少数民族。

练　习

一、根据文章内容，将左右两部分画线连接起来

  1. 北方草原民歌　　　　　A. 侗族大歌

  2. 新疆民歌音乐　　　　　B. 蒙古族"长调"

  3. 西南少数民族民歌　　　C. "十二木卡姆"

  4. 西北高原民歌　　　　　D. "花儿"

二、选词填空：

  A. 传播　　　　B. 记载　　　　C. 社交　　　　D. 多元化　　　　E. 缺少

1. 维吾尔族民歌在音调方面包括了中国音乐、阿拉伯音乐、欧洲音乐三种音乐体系，是中国民歌音调_____来源最突出的一种。

2. 在西南高原，由于许多民族没有文字，民歌成了他们_____历史、_____知识以及进行_____活动的重要手段，成为日常生活中不可_____的重要组成部分。

三、判断正误

1. 根据民族文化背景以及民歌风格的不同，中国民歌大体可分为七个不同的风格色彩区。（   ）
2. 《牧歌》是北方草原民歌区的著名民歌。（   ）
3. 闻名中外的新疆民歌有《半个月亮爬上来》《达坂城的姑娘》等。（   ）
4. 藏族民歌演唱活动大多与佛教节日有关，有不少民歌是与舞蹈结合在一起的。（   ）
5. 西南高原民歌区包括云南、贵州、广西等少数民族地区，有三十多个不同的民族聚居在这里，如侗族、布依族、壮族、苗族等。（   ）
6. 东北部狩猎文化民歌区以鄂温克族、赫哲族、达斡尔族、哈萨克族民歌为代表。（   ）
7. 西北高原多民族文化民歌区位于甘肃、青海、宁夏等黄河上游地区，曾是古代"丝绸之路"的必经之地，其中具有代表性的民歌是《牧歌》。（   ）
8. 汉族民歌区在语言上虽同属汉语，但地理环境、风俗习惯、生活及生产方式多种多样，方言各不相同，民歌的风格特点也呈现出多种特征。（   ）

四、课堂展示：我最喜欢的一个中国民歌区和有代表性的民歌

1. 请在下列七个民歌区中选择一个，完成下面的表格。
①北方草原民歌区②西部新疆民歌区③西部藏族民歌区④西南高原多民族文化民歌区；⑤东北狩猎民族文化民歌区⑥西北高原多民族文化民歌区⑦汉族民歌区
你选择的民歌区是：_____

	内容提要
①民歌区名称	
②地理位置	
③代表民族	
④民歌种类	
⑤民歌特点	
⑥代表性民歌	

2. 选择同一个民歌区的学生组成一个小组，各自说一说为什么喜欢这个民歌区，并将该民歌区的代表性民歌介绍给大家。

第六课

中国茶文化

一　学习目标

1. 了解中国茶文化的发展简史。

2. 了解《茶经》的主要内容以及陆羽对中国茶文化的贡献。

3. 了解汉语中与"茶"有关的词语,培养围绕学习目标查阅中文资料的能力。

二　预习思考

1. 中国人为什么爱喝茶?

2. "茶满欺客,酒满心实""倒茶七分满,留下三分是情分"的含义是什么?

3. 怎样才能冲泡出一杯好茶?

（一）茶简史

中国是茶的故乡，种茶、饮茶都有悠久的历史。传说茶是炎帝神农发现的，据《神农本草经》记载："神农尝百草，一日遇七十二毒，得荼（tú）而解之。"这里的"荼"就是古代的"茶"字。神农是中国远古时代的一位部落首领，传说他不仅教百姓播种五谷，而且发明了陶（táo）器和炊（chuī）具。为了考察对人类有用的植物，他曾遍尝百草，以至一天之内多次中毒，后来发现了茶才得以解毒。

茶在商周时期主要是作为药用。作为饮料，其正式记载见于汉代。汉代有许多地方已开始人工种茶，并把茶叶作为商品来买卖。三国两晋时期，饮茶的风习逐渐盛行，并转入宫廷，茶在士大夫阶层中成为待客的佳品。到了唐代，饮茶不仅深入到社会各个阶层，而且被当作一种艺术活动加以创造、研究和欣赏。这一时期，产生了世界上第一部关于茶的学术著作，即陆羽（733—804）的《茶经》。《茶经》全面介绍了中国茶叶生产的历史、源流、现状以及饮茶技艺，把普通茶事提升为一种美妙的文化，推动了中国茶文化的发展。

陆羽生活在唐代，是一个孤儿，小时候在佛寺里长大。他聪敏好学，学识渊博，虽然诗歌和文章都写得很好，但淡泊名利。公元760年，为躲避安史之乱，陆羽隐居到浙江的一个地方。在这段时间里，陆羽在亲自调查和实践的基础上，全面总结、研究了前人和当时有关茶叶的生产经验，终于完成了具有划时代意义的著作——《茶经》，因此被尊为"茶神"和"茶仙"。

《茶经》共分上、中、下三卷。上卷包括三部分，一是说明茶的起源、形状、功用、名称、品质，二是介绍采茶、制茶的用具，三是论述茶的种类和采制方法。中卷叙述煮茶、饮茶的器皿，即24种饮茶用具。下卷包括六个部分，分别介绍烹

饮茶　yǐn chá
（书面语）喝茶。

源流　yuánliú
水的发源地和支流，比喻事物的起源和发展。

提升　tíshēng
提高（能力、职位、等级等）。

推动　tuīdòng
使事物前进。

渊博　yuānbó
（学识）不仅深，而且广。

隐居　yǐnjū
住在偏僻的地方，不出来做官。

划时代　huàshídài
开创新时代。

论述　lùnshù
叙述和分析。

叙述　xùshù
把事情的经过记载下来或说出来。

器皿　qìmǐn
盛东西的日常用具的统称。

茶的方法与各地水质的等级；饮茶的风俗以及唐代以前的饮茶历史；叙述了古今有关茶的故事、产地和药效；并将当时全国茶区的分布归纳为八个不同的地区，评价了各地所产茶叶的优劣；指出采茶、制茶时，可依据当时的环境省略某些用具；最后教人用丝绸把《茶经》的内容写下来，陈列在茶馆的各个角落。《茶经》系统地总结了唐代的茶叶采制和饮用经验，全面论述了有关茶叶起源、生产、饮用等各方面的问题，传播了茶叶的科学知识，促进了茶叶生产的发展，成为中国茶艺的开端。

到了宋代，茶已成为中国人生活中的必需品，普通百姓把茶作为每日"开门七件事"之一。所谓"开门七件事"，是指人们日常生活中不能缺少的几样物品，即柴（chái）、米、油、盐、酱（jiàng）、醋（cù）、茶；文人雅士则把茶与"琴、棋、书、画"并称，把饮茶看作陶冶（yě）性情的高雅活动。唐宋时期，随着城市的发展与市民文化的兴起，中国各地还出现了许多茶馆。元、明、清三代，饮茶的风俗继续发展。明代改变了加工茶叶的方法，并用冲泡法代替了煎（jiān）饮法。清代不仅出现了红茶、乌龙茶等茶叶品种，而且通过茶馆的发展，饮茶习俗渗透到了社会的各个角落。

烹茶　pēng chá
煮茶或沏茶。

优劣　yōuliè
好坏。

省略　shěnglüè
去掉（不必要的部分）。

陈列　chénliè
把物品摆放出来给人看。

乌龙茶　wūlóngchá
茶叶的一类，只有边缘发酵，沏出的茶略带黑色。

【文化注释】

1. 炎帝神农　Yándì Shénnóng

神农是中国古代神话传说中一位贤明圣德的部落首领，他领导的部落生活在中国南方，以农业为主。传说神农不仅教民农耕，而且四处采药，为民治病，因而被尊为中国古代农业和医药业的始祖。

2.《神农本草经》　Shénnóng Běncǎo Jīng

又称《本草经》，是现存最早的中药学著作。传说起源于神农氏，经过口耳相传，在东汉时期被整理成书。全书分为三卷，记载药物 365 种，是当时及前代众多医学家搜集、整理药物学经验成果的专著，也是中国历史上对中医药知识的第一次系统总结。

3. 安史之乱　Ān-Shǐ Zhī Luàn

公元755年至763年，唐朝戍（shù）边将领安禄山与史思明为争夺权力发动了内战。战争长达八年，唐朝社会经济受到严重破坏，成为唐朝由盛而衰的转折点。由于发动战争的将领以安禄山与史思明为主，因此历史上把这次战争称为"安史之乱"。

练　习

一、选词填空

A. 传播　　B. 开端　　C. 推动　　D. 源流　　E. 划时代　　F. 现状　　G. 总结

1. 《茶经》全面介绍了中国茶叶生产的历史、_____、_____以及饮茶技艺，把普通茶事提升为一种美妙的文化，_____了中国茶文化的发展。与此同时，也_____了茶叶的科学知识，促进了茶叶生产的发展，成为中国茶艺的_____。

2. 陆羽在亲自调查和实践的基础上，全面_____、研究了前人和当时有关茶叶的生产经验，终于完成了具有_____意义的著作《茶经》，因此被尊为"茶神"和"茶仙"。

二、判断正误

1. 在中国，种茶、饮茶都有很长的历史，传说茶是炎帝发现的。　　　　（　）
2. 商周时期，有很多地方已经开始人工种茶，并把茶叶作为商品来买卖。（　）
3. 唐代陆羽撰写的《茶经》，是世界上第一部关于茶的著作，传播了与茶有关的知识，推动了茶文化的发展，成为中国茶艺的开端。　　　　　　　（　）
4. 宋代的茶文化已非常普及，茶叶成为百姓每日生活必不可少的物品。　（　）
5. 在中国，文人雅士与普通百姓的饮茶方式没有区别。　　　　　　　　（　）
6. 茶馆的出现，与城市的发展和市民文化的兴起有关。　　　　　　　　（　）
7. 元代改变了加工茶叶的方法，用冲泡法代替了煎饮法。　　　　　　　（　）
8. 明代不仅出现了红茶、乌龙茶等茶叶新品种，而且饮茶习俗遍布到中国社会的每个地方。　　　　　　　　　　　　　　　　　　　　　　　　（　）

三、回答问题

1. 《茶经》的作者是谁？他生活在哪个朝代？

2.《茶经》共有几卷？下卷包括哪六个部分？

四、课堂讨论

1. 在中国，茶文化的发展可以分为哪几个阶段？
2. 陆羽对中国茶文化的发展有哪些贡献？
3. 你喜欢喝茶还是咖啡？为什么？

五、今天我来讲

1. 在你们国家有哪些富有特色的饮品？给大家介绍一下其饮用习惯。
2. 谈一谈茶文化与咖啡文化的异同。

（二）茶 艺

对于茶叶冲泡艺术而言，非常重要的一点是讲究形神兼备。茶的冲泡程序可分为：备茶、置茶、润（rùn）茶、冲泡、奉（fèng）茶、品茶、续水、收具。

1. 备茶

以茶待客要选用好茶。所谓好茶，应注意两个方面。一方面是指茶叶的品质，应选上等的好茶待客。备茶时，茶艺师要运用所掌握的茶叶知识，通过人的视觉、嗅觉、味觉和触觉来审评茶的外形、色泽（zé）、香气、滋（zī）味、汤色和叶底，以便判断、选择品质最优的茶叶奉献给客人。另一方面，择茶要根据客人的喜好来选择茶叶的品种，同时也应根据客人口味的浓淡来调整茶汤的浓度。一般待客时可通过事先了解或当场询问来了解对方的喜好，作为茶艺师还应根据客人情况的不同

冲泡 chōngpào
向下倒热水使茶浸在其中。

形神兼备 xíngshén-jiānbèi
"形"指物质形体、人的身体等，"神"指精神、灵魂等；指既有形态，又有精神。

茶艺师 cháyìshī
茶叶行业中具有茶叶专业知识和茶艺表演、服务管理技能等综合素质的专职技术人员。

嗅觉 xiùjué
鼻子对气味的感觉。

触觉 chùjué
皮肤、毛发等与物体接触时所产生的感觉。

有选择地推荐茶叶。例如，女士可建议选择有减肥、美容功能的乌龙茶，男士可推荐降血脂效果显著的普洱茶等。为了顺应四季变化，增加饮茶情趣，还可根据季节为客人选择茶叶。例如，春季饮花茶，春天万物复苏，花茶香气浓郁，充满春天的气息；夏天饮绿茶，一方面可消暑止渴，另一方面绿茶以新为贵，也应及早饮用；秋季饮乌龙茶，乌龙茶不寒不温，介于红茶和绿茶之间，香气迷人，又助消化，冲泡过程不仅充满情趣，而且耐泡，在丰收的季节里，适于家庭团圆时饮用；冬季饮红茶，红茶味甘性温，能驱走寒气，增加营养，有暖胃的功能，同时，红茶可调饮，充满浪漫气息。茶艺师在择茶之后，还要将茶叶的产地、品质特色、名茶文化及冲泡要点向客人进行介绍，以便客人更好地赏茶、品茶，在得到物质享受的同时也能得到精神的熏陶。

2. 置茶

沏茶前要在杯中放置茶叶，一般有三种方法：（1）下投法：先放茶叶，后冲入沸水，是人们在日常沏茶时最常用的方法。（2）中投法：先将沸水冲入杯中约三分之一容量，之后放入茶叶，浸泡一定时间后再冲满水。（3）上投法：在杯中先冲满沸水，之后再放入茶叶。对于不同的茶叶种类，因外形、质地、比重、品质及成分浸出率的异同，应采用不同的置茶方法：对于身骨重实、条索紧结、芽叶细嫩、香味成分高、对茶汤的香气和色泽均有要求的各类名茶，可采用"上投法"；对于条形松展、比重轻、不易沉入茶汤中的茶叶，宜用"下投法"或"中投法"沏茶。此外，在不同的季节，也可采用"秋季中投，夏季上投，冬季下投"的方法来放置茶叶。

3. 润茶

沏泡前最好先"润茶"。一是为提高茶叶的温度，使其接近沏茶的水温，提高茶汤的质量；二是为了有利于鉴赏茶叶的香气及鉴别茶叶品质的优劣。方法是将茶壶或茶杯温热并放入茶叶后，即用温度适宜的沏茶水，以逆时针旋转方式把水注入壶或杯中，需要注意的是：茶叶一湿透后就要停止注水，随即

审评　shěnpíng
辨别、评价。

择茶　zé chá
选择茶叶。

降血脂　jiàng xuèzhī
使血液中的脂肪含量下降。

普洱茶　pǔ'ěrchá
云南西南部出产的一种茶。

寒　hán
冷。

温　wēn
不冷不热。

暖胃　nuǎn wèi
驱除寒冷，温暖脾胃。

熏陶　xūntáo
指人的思想行为因长期接触某些事物而受到好的影响。

沏　qī
（用开水）冲、泡。

鉴赏　jiànshǎng
对文物、艺术品等的鉴定和欣赏。

鉴别　jiànbié
辨别（真假好坏）。

逆时针　nìshízhēn
与钟表上时针的转动方向相反（的）。

旋转　xuánzhuǎn
转动。

把盖儿盖上,并将壶杯中的茶水立即倒掉,这时壶或杯中的茶叶已吸收了热量与水分,原来的"干茶"变成了含苞待放的"湿茶",品茶者就可欣赏茶叶的"汤前香"了,这就是沏茶方法中的"温润泡"法,这种方法比较适宜沏焙火稍重的茶或陈茶、老茶。

焙火 bèi huǒ
用火烘烤。

陈茶 chénchá
保存了一年甚至更长时间的茶叶。

4. 冲泡

在泡茶过程中,身体应保持良好的姿态,头要正,肩要平,眼神与动作要和谐自然。泡茶时,要沉肩①、垂肘②、提腕③,要用手腕的起伏带动手的动作,切忌肘部高高抬起。冲泡过程中左手与右手要尽量交替进行,不可总用一只手去完成所有动作,并且左、右手尽量不要有交叉动作。冲泡时要掌握高冲低斟④原则,即冲水时可悬壶⑤高冲,或根据泡茶的需要采用各种手法,但如果是将茶汤倒出,就一定要压低泡茶器,使茶汤尽量减少在空气中的时间,以保持茶汤的温度和香气。

切忌 qièjì
千万不要。

5. 奉茶

由于中国南北待客礼俗各有不同,因此奉茶方法不拘一格。奉茶时要注意先后顺序,先长后幼,先客后主。斟茶时应注意不要太满。俗话说:"茶满欺客,酒满心实。""茶倒七分满,留下三分是情分。"这既表明了宾主之间的友好感情,又是出于安全的考虑,因为七分满的茶杯对客人来说非常好端,不容易烫手。同时,如果奉上有柄的茶杯时,一定要注意茶杯柄的方向是客人的右手方向(顺手面),以利于客人用右手拿茶杯的柄。

不拘一格 bùjū-yīgé
不局限于一种规格或方式。

6. 品茶

品茶包括四方面内容:审茶名,观茶形(干茶形状),闻

---

① 沉肩 chén jiān:使肩膀下沉。
② 垂肘 chuí zhǒu:指将胳膊肘下垂,肘是上臂与前臂相接处向外凸起的部分。
③ 提腕 tí wàn:指手腕不靠在桌子上而向上提起。
④ 高冲低斟 gāochōng dīzhēn:泡茶时,将水壶提高,使水壶和茶壶之间保持较大距离,叫作"高冲";分茶时,将茶壶略微提起,将茶水倒入茶杯中,叫作"低斟"。
⑤ 悬壶 xuán hú:将茶壶悬在空中。

茶香，尝滋味。

（1）审茶名。茶叶名称是茶文化的一部分，俗话说："茶叶学到老，茶名记不了。"中国茶名称很多，有的出自产地，有的源于传说，很值得细细品味。

（2）观茶形。在选择茶叶后要对茶予以欣赏，除了茶的产地、传说故事、诗词等茶名文化内容外，也包括对茶的外形、色泽、香气等品质特征的鉴赏。

予以 yǔyǐ
给以。

（3）闻茶香。品尝茶汤的过程是先闻茶香，再观看茶汤色泽。如用无盖茶杯，可直接闻茶汤的香气；如用盖杯、盖碗，则可取盖闻香。茶汤色泽因茶而异，即使是同一种茶类，茶汤色泽也有不同。大体上说，绿茶茶汤翠绿清澈，红茶茶汤红艳明亮，乌龙茶茶汤黄亮浓艳，各有特色。

盖碗 gàiwǎn
带盖儿的茶碗。

（4）尝滋味。品茶时宜小口啜（chuò）饮，用来辨别绿茶的鲜爽、红茶的浓甘，同时再体会一下茶的香气。此外，品茶时也要注重精神享受，不仅品尝茶的滋味，而且在了解茶的知识和文化的同时，还要提高自身修养，增进茶友之间的感情。

7. 续水

对于一杯茶的冲泡次数，也宜掌握一定的"度"。日常沏茶，无论绿茶、红茶、乌龙茶、花茶，均采用多次冲泡的方法，一般以冲泡三次为宜，以充分利用茶叶中的有效成分。但沏茶次数过多，茶汤颜色变淡，不仅没有营养成分，甚至有害身体健康。

8. 收具

收具是茶艺过程的最后一项工作，即整理、清洁茶具，这一过程应在客人离开后进行。收具要及时，过程要有序，清洗要干净，不能留有茶渍，对共用的茶具要及时进行消毒处理。做事要有始有终，收具的过程也体现了这一思想。

茶渍 cházì
茶壶上残留的茶水污垢。

【文化注释】

茶满欺客，酒满心实　chá mǎn qī kè, jiǔ mǎn xīn shí

客来敬茶是中国人的待客礼俗。中国人喜欢喝热茶，所以倒茶不可太满。如果将茶杯倒得太满，客人不方便端取，茶水很容易溢出，不但浪费，而且会烫着客人的手，甚至泼洒到对方的衣服上，因此给客人倒茶只要倒七成满就可以了。与倒茶不同，给客人斟酒应把酒杯倒十成满，以表示真心实意和对客人的尊重。

练　习

一、判断正误

1. 茶艺师会通过视觉、味觉、听觉等方式挑选好茶。　　　　（　　）
2. 所有的茶叶都是越新越好。　　　　　　　　　　　　　　（　　）
3. 沏茶时在杯中放置茶叶有两种方法：上投法和下投法。　　（　　）
4. 泡茶时要用手腕的动作，不能用肘部的动作。　　　　　　（　　）
5. 喝茶时，续水的次数并非越多越好。　　　　　　　　　　（　　）
6. 茶艺的最后一个过程是清理茶具，不能留有茶渍。　　　　（　　）

二、回答问题

1. 对茶叶冲泡艺术来说，最重要的是什么？
2. 沏茶前为什么要润茶？
3. 奉茶时要注意怎样的先后顺序？
4. "倒茶七分满，留下三分是情分"所表达的含义是什么？
5. 品茶主要包括哪些方面？

三、课堂讨论

1. 冲泡出一杯好茶需要具备哪些条件？
2. 汉语中有哪些与"茶"有关的词语？查阅相关资料，并说一说它们的含义。

第七课

中国医药文化

一　学习目标

1. 了解《黄帝内经》所体现的中医整体观念与辨证论治思想。

2. 理解"不治已病治未病，不治已乱治未乱"的含义与现代意义。

3. 掌握一些简单的养生方法。

二　预习思考

1.《黄帝内经》是一部什么样的书？为什么说这部书既是医学专著，也是养生宝典？

2. 中医与西医有哪些不同？你认为怎样才能健康长寿？

3. 在你们国家有哪些养生的方法？与中国人的养生方法有什么异同？

（一）《黄帝内经》

《黄帝内经》是中国最古老的一部医学经典，至今已有2000多年的历史。《黄帝内经》总结了古代中国人的医疗经验，吸收了有关天文学、生物学、心理学等多种学科知识，对疾病的诊断、治疗与预防进行了全面阐述，确立了中医独特的理论体系，成为中国医学发展的基础和源泉，被公认为中医学的奠基之作。

《黄帝内经》的哲学基础是天人相应思想与阴阳五行学说。中医强调整体观念，强调辨证论治，把人和宇宙放在一起来观察和认识，认为人体本身与自然界是一个整体，同时人体结构和各个部分都是彼此联系的。"阴阳"原本是中国古代哲学的一对概念：月亮为阴，太阳为阳；也指日光的向背，向着日光的一面为"阳"，背着日光的一面为"阴"；后来被引申为气候和人体的寒暖——寒冷为"阴"，温暖为"阳"。阴阳二气彼此作用，在运动过程中可以相互转换。"五行"是指"木、火、土、金、水"五种构成世界的基本物质及其运动变化。五行的特性各有不同：木有生发、伸展的特性，火有温热、向上的特性，土有承载、包容的特性，金有肃杀、收敛的特性，水有寒凉、滋润的特性。汉语中有很多与"五"有关的词语，如"五方""五色""五味""五脏""五官"等，都体现了这种思想。

《黄帝内经》包括《素问》和《灵枢》两部分，从脏腑、经络、病因、病理、诊法、治疗原则、针灸、方药等方面，描述和分析了人体的生理活动、病理变化以及诊断与治疗方法。《黄帝内经》既是医学专著，也是养生宝典，不仅讲怎样治病，而且讲怎样不得病，怎样才能健康长寿。"不治已病治未病，不治已乱治未乱"是《黄帝内经》中的一句话，这句话体现了一个非常重要的思想，即"治未病"。《黄帝内经》认为医学的最终目的不是治疗已有的疾病，而是要在人还没有得病之前就

诊断 zhěnduàn
医生检查病人的症状之后，判定病人的病症与发展情况。

阐述 chǎnshù
论述。

体系 tǐxì
由相互联系的事物组成的一个整体。

源泉 yuánquán
来源。

奠基 diànjī
奠定建筑物的基础；打基础。

承载 chéngzài
托着物体，承受它的重量。

包容 bāoróng
宽容；容纳。

肃杀 sùshā
形容秋冬天气寒冷，草木枯落。

收敛 shōuliǎn
减弱或消失。

滋润 zīrùn
含水分多；不干燥。

养生 yǎngshēng
保养身体

提前预防，这种思想即使在现代社会也具有非常重要的意义。

《黄帝内经》在中国医学发展史上是一部划时代的著作，体现了中国古代的智慧，它的价值在当今社会也越来越凸显出来。

凸显　tūxiǎn
明显地显示出来。

【文化注释】

"五方""五色""五味""五脏""五官"　"wǔfāng""wǔsè""wǔwèi""wǔzàng""wǔguān"

"五方"指东、南、西、北、中五个方位。"五色"指青（蓝色）、赤（红色）、白、黑、黄五种颜色。"五味"指甘（甜味）、酸、苦、辛（辣味）、咸五种味道。"五脏"指肝、心、脾、肺、肾等五个脏器。"五官"的含义要复杂一些：从人的容貌特征（面相学）来说，指的是眉、眼、耳、鼻、口；从中医学来说，指的是目（眼）、耳、鼻、口、舌。西医也有"五官"概念，但与中医有所不同。西医中的"五官"指的是眼、口、耳、鼻、喉。上述与"五"有关的词语看似简单，却鲜明地体现了中西文化的特点与差异。

练　习

一、选词填空

A. 养生　B. 滋润　C. 阐述　D. 诊断　E. 体系　F. 伸展　G. 源泉　H. 承载

1. 《黄帝内经》总结了古代中国人的医疗经验，对疾病的_____、治疗与预防进行了全面_____，确立了中医独特的理论_____，成为中国医学发展的基础和_____，被公认为中医学的奠基之作。

2. 五行的特性各有不同：木有生发、_____的特性，火有温热、向上的特性，土有_____、包容的特性，金有肃杀、收敛的特性，水有寒凉、_____的特性。

3. 《黄帝内经》既是医学专著，也是_____宝典，不仅讲怎样治病，而且讲怎样不得病，怎样才能健康长寿。

二、判断正误

1. 《黄帝内经》总结了古代中国人的医疗经验，吸收了多学科知识，是中国医学发

展的基础和源泉，被公认为中医学的奠基之作。（   ）

2. 与西医不同，中医强调整体观念，认为人体本身与自然界是一个整体，同时人体结构及其各个部分都是彼此联系的。（   ）

3. 在汉语中，"阴阳"有多种含义，既代表月亮和太阳，也指日光的向背；后来又被引申为气候和人体的寒暖。中国古代哲学思想认为，阴阳二气不仅彼此作用，而且在运动过程中可以相互转换。（   ）

4. 五行指"木、火、土、水、金"五种物质，它们的特性各不相同。（   ）

5.《黄帝内经》认为医学的最终目的是治疗所有的疾病，使人们健康长寿。
（   ）

三、回答问题

1.《黄帝内经》的哲学思想基础是什么？

2. 为什么《黄帝内经》被公认为是中医学的奠基之作？

3.《黄帝内经》中一个非常重要的思想是"治未病"。对于这一思想，你是怎样理解的？

四、课堂讨论

1. 来中国以后，你看过中医吗？你认为中医和西医有哪些不同？

2. 你觉得人怎样才能健康长寿？根据中医理论和你的生活实践，说一说在日常生活中有哪些养生的方法？

五、今天我来讲

在你们国家有哪些著名的医学著作？选择其一，给大家介绍一下。

（二）《本草纲目》

《本草纲目》是明朝伟大的医药学家李时珍（1518—1593）用毕生精力，亲身实践，历时27年编成的结晶。全书52卷，约200万字，记载了1892种药物，分成60类，其中374种是李时珍新增加的药物。绘图1100多幅，并附有11000多个药方。《本草纲目》集中国16世纪以前药学成就之大成，在语言文字学、历史地理学、植物动物学等方面也有突出成就。这部著作在17世纪末就传播到海外，先后有多种文字的译本，对世界自然科学也有举世公认的贡献，被誉为"东方药物巨典"。

关于《本草纲目》书名的由来，还有一段有趣的插曲。1578年，年已六旬的李时珍完成了《本草纲目》的内容，只可惜书名还没有确定。一天，他出诊归来，习惯性地坐在桌前。当他看到昨天读过的《通鉴纲目》还摆放在桌子上时，突然心中一动，立即提起笔来，饱蘸墨汁，在洁白的书稿封面上写下了"本草纲目"四个苍劲有力的大字。他端详着，兴奋地自言自语道："对，就叫《本草纲目》吧！"为了这部书的体例，李时珍考虑了许久，也翻阅了不少书籍，并从《通鉴纲目》中得到启示，决定以"纲目体"作为这部书的体例，以《本草纲目》这个名称，作为自己历经27年搜集、整理、编纂的这部书的书名。

《本草纲目》编写完成后，李时珍希望早日出版。为了解决出版问题，70多岁的李时珍从武昌跑到当时的出版业中心南京，希望通过私人书商来解决。但由于长年的辛苦劳累，李时珍最终病倒在床上，病中他嘱咐孩子们，将来把《本草纲目》献给朝廷，借助朝廷的力量传布于世，可惜李时珍还没有见到《本草纲目》的出版就与世长辞了。这年，他76岁。不久，皇帝为了充实国家书库，下令全国各地向朝廷献书，李时珍的儿

实践 shíjiàn
实行。

结晶 jiéjīng
比喻珍贵的成果。

举世公认 jǔshì-gōngrèn
全世界都承认。

插曲 chāqǔ
电影、电视剧中相对独立的一段乐曲。比喻连续进行的事情中插入的特殊片段。

六旬 liù xún
十年为一旬，六旬即六十岁。

出诊 chū zhěn
医生到病人家里看病。

蘸 zhàn
在液体（或粉末）中沾一下就拿出来。

端详 duānxiáng
仔细地看。

体例 tǐlì
（著作的）编写格式；（文章的）组织形式。

编纂 biānzuǎn
编辑（多指资料较多，篇幅较大的著作）。

嘱咐 zhǔfù
告诉对方记住应该怎样，不应该怎样。

朝廷 cháotíng
君主时代，君主听政的地方。也指以君主为首的中央统治机构。

子把《本草纲目》献给了朝廷。皇帝批了"书留览，礼部①知道"七个字，就把《本草纲目》搁置在了一边。后来在南京私人刻书家的帮助下，《本草纲目》终于在李时珍去世后的第三年（1596）出版了。1603年，《本草纲目》又在江西刻印，从此得到广泛传播。1606年，《本草纲目》首先传入日本。1647年，一个波兰人来到中国，将《本草纲目》译成拉丁文，使这部书流传到欧洲。后来，《本草纲目》又被译成法、德、英、俄等国的文字。英国生物学家达尔文称《本草纲目》为"1596年的百科全书"！1953年出版的《中华人民共和国药典》，共收集了531种现代药物和制剂，其中采自《本草纲目》中的药物和制剂就有100种以上。

与世长辞　yǔshì-chángcí
（书面语）指人去世。

搁置　gēzhì
（书面语）放下。

【文化注释】

1. 本草　běncǎo

中草药的别称。中国古代中药类的书籍多以"本草"命名，如《神农本草经》。东汉许慎《说文解字》中对"药"的解释是"治病的草"。对中草药的采集、研究和利用是中国传统医药学发展的重要组成部分。早在夏代，中国就有了具有医药作用的酒。商代发明了汤液，开始了对中药的应用。春秋战国时期，中医药理论体系初步形成。秦汉时期，产生了药物学专著。魏晋南北朝时期，药材、饮片和成药成为中药的三大组成部分。唐、宋、元时期，由国家组织编订了具有药典性质的药学专著并向全国颁行。到了明朝，中国传统医药学达到前所未有的高度，李时珍编纂的《本草纲目》即成为其标志之一。

2.《通鉴纲目》　Tōngjiàn Gāngmù

书名，南宋朱熹撰著。这种书属于史书专有的一种门类：纲目体。有纲有目，大字为纲，小字为目；纲在前，目在后，纲简目详，纲下分设细目，便于检索。

【专有名词】

1. 李时珍　Lǐ Shízhēn　人名，中国古代著名医药学家。
2. 武昌　Wǔchāng　地名，在湖北省。

---

① 礼部 lǐbù：明朝中央政府的六部（古代官制吏、户、礼、兵、刑、工部的总称）之一，掌管礼乐、祭祀、封建、宴乐、文学等法令。

3. 南京　Nánjīng　地名，在江苏省。
4. 达尔文　Dá'ěrwén　原名为 C. R. Darwin（1809—1882），英国生物学家，生物进化论的奠基人。

练　习

一、选词填空

A. 明朝　B. 与世长辞　C. 搁置　D. 毕生　E. 嘱咐　F. 结晶　G. 朝廷　H. 历时

1. 《本草纲目》是_____伟大的医药学家李时珍用_____精力，亲身实践，_____27年编成的_____。
2. 李时珍在病床上_____孩子们，希望把《本草纲目》献给_____，可惜他没看到这部书出版就_____了。当他的孩子终于有机会把书献给朝廷时，这本书又被_____，直到李时珍去世之后的第三年才出版。

二、判断正误

1. 《本草纲目》中记录的药物，都是李时珍新增加的。　　　　　　　　（　　）
2. 李时珍在《本草纲目》中除了记录药物的名称，还绘图一千多幅，并附有上万个药方。　　　　　　　　　　　　　　　　　　　　　　　　　　　（　　）
3. 《本草纲目》集中国15世纪以前药学成就之大成。　　　　　　　　　（　　）
4. 1578年，李时珍完成了《本草纲目》的编写，这时他已经60岁了。　（　　）
5. 李时珍从《通鉴纲目》中得到启示，决定采用"纲目体"作为《本草纲目》的体例。　　　　　　　　　　　　　　　　　　　　　　　　　　　　（　　）

三、根据课文内容，简要回答问题

1. 《本草纲目》在哪些方面有突出成就？
2. 为了《本草纲目》早日出版，李时珍做了什么努力？
3. 当时的朝廷和皇帝重视李时珍的《本草纲目》吗？为什么？
4. 《本草纲目》传到欧洲后被翻译成了哪些文字？
5. 达尔文对《本草纲目》有怎样的评价？

第八课

中国古代教育

一　学习目标

1. 了解中国古代书院的含义、特点、发展历程以及对中国文化的影响。

2. 了解科举制度产生的时代背景、发展历程以及对中国和世界的影响。

3. 通过查阅相关文献，探讨教育的目的以及中外教育的差异。

二　预习思考

1. 古代教育与现代教育有哪些不同？你认为教育的根本目的是什么？

2. "博学之，审问之，慎思之，明辨之，笃行之"这句话来自哪里？它的含义是什么？

3. 你们国家的教育制度有哪些特点？与中国的教育制度相比，有什么不同？

（一）古代书院

书院是将藏书、教学、研究三方面结合在一起的文化教育机构。中国古代书院的含义有两个：一是由官方设立，用于收藏、校勘、修订和整理图书的地方；二是由民间设立，供个人读书、讲学、治学的地方。

中国古代书院制度从唐代开始，在宋代得到很大发展，经元代、明代而不衰，到清朝末年，随着中国封建制度的衰落最终被废止，前后经历了一千多年，对中国封建社会的教育与文化发展产生了重要影响。

唐末至五代期间，由于经常发生战争，官学（国家办的学校）衰败，许多读书人躲到山林里，于是就模仿佛教的禅林讲经制度创立了书院，形成了中国封建社会后期特有的教育组织形式。

北宋时期创立了正式的书院教育制度，以讲学为主的书院越来越多。南宋时期，随着理学的发展，书院逐渐成为不同学派活动的场所。宋代著名书院有四个：**白鹿洞书院、岳麓书院、应天府书院与嵩阳书院**。与西欧中世纪的大学不同，中国古代书院大多建造在山林僻静之处。书院的办学经费最早是由有钱人或学者自行筹集，或由书院设置学田。书院的主要活动内容之一是讲学与学术研究，二者紧密结合在一起。书院在教学上采取个人自学、轮流讲习和教师指导相结合的研讨形式，目的是为了教育、培养人的学问和品德，而不是为了应对考试，获取功名。根据教学形式的不同，书院的课程又分为读书课程、讲学课程等不同类型。宋代理学教育家朱熹曾担任白鹿洞书院的洞主（即院长），在他主持书院工作期间，制定了《白鹿洞书院学规》，其中"博学之，审问之，慎思之，明辨之，笃行之"这句话是《中庸》里关于治学的名句，意思是

藏书 cángshū
收藏书籍。

机构 jīgòu
指机关、团体等工作单位，也指其内部组织。

官方 guānfāng
政府；官府。

校勘 jiàokān
对同一部书的不同版本及相关资料进行比较，考订文字的异同，以便确定原文的真相。

治学 zhì xué
研究学问。

制度 zhìdù
规定的办事规程或行动准则。

封建 fēngjiàn
古代的一种社会制度。

废止 fèizhǐ
取消，不再行使（法令、制度）。

衰败 shuāibài
衰落。

禅林 chánlín
指寺院。

讲经 jiǎng jīng
讲解佛经。

获取 huòqǔ
获得；得到。

功名 gōngmíng
在封建时代，通过科举考试获得的称号或官职名位。

"广博地学习,仔细地询问,缜(zhěn)密地思考,清晰(xī)地辨别,坚定地实行"。学规的制定对书院制度的建设与管理起到了重要作用。

明代书院发展到1200多所,其中有些是官办书院,由朝廷赐予牌匾、书籍,并委派教官,调拨田地和经费等,书院逐渐变为半民间、半官方性质的地方教育机构。一些私立书院提倡自由讲学,抨击当时的社会问题,成为思想舆论和政治活动的重要场所。著名的**东林书院**有一副对联,上面写道:"风声雨声读书声,声声入耳;家事国事天下事,事事关心。"虽然明朝统治阶级曾多次毁坏和禁止书院,但书院有着顽强的生命力,毁而不绝。

清代书院有2000余所,但官学化程度也达到极点,大部分书院与官学没有区别。1901年,受西方文化的影响,光绪皇帝发布命令,把"书院"改为"学堂"。从此,中国各地开始兴办现代学校教育。

提倡　tíchàng
提议、建议。

舆论　yúlùn
群众的言论。

统治　tǒngzhì
指一个人或一个政权为维持其生存与发展,运用权力以支配其领土及个人的行为。

阶级　jiējí
社会地位的等级。

顽强　wánqiáng
坚强。

【文化注释】

理学　lǐxué

宋代产生的主要哲学流派,又称"道学",以儒家学说为中心,兼容佛教和道家的理论思想。理学又分为两大流派:一是"程朱理学",以北宋时期的"二程"(程颢、程颐兄弟)和南宋时期的朱熹为代表,强调"理"高于一切,是产生世界万物的精神性来源;二是"陆王心学",以南宋时期的陆九渊与明代的王阳明为代表,强调"心"是宇宙万物的主宰。理学的产生对中国封建社会后期的政治、文化产生了深刻影响。

【专有名词】

1. 白鹿洞书院　Báilùdòng Shūyuàn　在江西庐山。
2. 岳麓书院　Yuèlù Shūyuàn　在湖南长沙。
3. 应天府书院　Yìngtiānfǔ Shūyuàn　在河南商丘。
4. 嵩阳书院　Sōngyáng Shūyuàn　在河南登封嵩山南麓。
5. 东林书院　Dōnglín Shūyuàn　在江苏无锡。

中国文化基础（下）

练 习

一、将左右两部分画线连接起来

1. 江西　　　　　　A. 岳麓书院
2. 湖南　　　　　　B. 应天府书院
3. 河南　　　　　　C. 白鹿洞书院
4. 江苏　　　　　　D. 东林书院

二、选词填空

A. 收藏　　　B. 藏书　　　C. 机构　　　D. 废止　　　E. 治学

书院是将_____、教学与研究三方面结合在一起的文化_____。书院的含义有两个：一是由官方设立，用于_____、校勘和整理图书的机构；二是民间设立，供个人读书、讲学、_____的地方。书院制度从唐代开始，宋代得到很大发展，在清代被_____，前后经历了一千多年，对中国封建社会教育与文化的发展产生了重要影响。

三、根据课文内容，选择正确答案

1. 中国古代书院制度是从什么时候开始的？（　　　）
   A. 唐代　　　B. 宋代　　　C. 明代　　　D. 清代
2. 中国的书院制度是在什么时候废止的？（　　　）
   A. 宋代　　　B. 元代　　　C. 明代　　　D. 清代
3. 书院的产生，模仿了（　　　）的禅林讲经制度。
   A. 儒家　　　B. 理学　　　C. 佛教　　　D. 官学
4. 宋代设立书院的主要目的是什么？（　　　）
   A. 应对考试，获取功名　　B. 教育、培养人的学问和品德
   C. 经商赚钱　　　　　　　D. 上述目的都不是

四、根据课文内容回答问题

1. 书院在哪些方面对中国社会产生了影响？
2. 北宋时期，书院的教学形式有哪三种？其中哪种是主要的教学形式？

3. 明朝政府支持书院的发展吗？为什么？

4. 书院制度废止后，中国开始兴办怎样的教育？

五、课堂讨论

什么是书院？中国古代书院教育有哪些特点？

六、今天我来讲

在你们国家有哪些著名的高等学府？选择其中之一介绍一下。

（二）科举制度

科举制是中国封建王朝通过考试选拔官吏的一种制度。由于采用分科录取的办法，所以叫作"科举"。

中国古代科举制度起源于隋代。魏晋南北朝时期，官员大多是从各地有地位的家族子弟中选拔出来的。只要是权贵子弟，无论优劣，都可以做官。而许多出身低微但有真才实学的人，却不能到中央和地方担任高级职位。隋朝统一全国后，为了适应封建经济和政治关系的发展变化，满足封建统治阶级扩大参与政权的要求，加强中央集权，皇帝决定把选拔官员的权力收归中央，用"科举制"代替"九品中正制"。7世纪初，隋文帝开始用分科考试的方法选拔人才。隋炀帝时期正式设置进士科，考核参选者对时事政治的看法，根据考试成绩选拔人才，科举制度正式诞生。

唐朝是中国古代科举制度的完备时期。唐朝皇帝在推翻

选拔 xuǎnbá
挑选（人才）。

官吏 guānlì
（旧时）对政府工作人员的总称；官员。

权贵 quánguì
有权有势的人。

低微 dīwēi
出身低下。

真才实学 zhēncái-shíxué
真正的才能和学识，常用于形容人富有才能和学识。

设置 shèzhì
设立（机构等）。

考核 kǎohé
考察审核。

时事 shíshì
最近期内的大事。

中国文化基础（下）

隋朝统治后，继承了隋朝传下来的人才选拔制度并进一步完善，其中唐太宗、武则天、唐玄宗是完善科举制的关键人物。唐太宗重视人才的选拔和培养，他即位后，大大扩充了国学的规模，扩建学舍，增加学员。武则天登上女皇王位之后亲自担任考官，成为中国科举制度殿试的开始。武则天时期还产生了武举，由兵部主考，考试科目有马射、负重、摔跤等。唐玄宗时，诗赋（fù）成为进士科主要的考试内容。他在位期间，曾亲自面试录取了很多有才学的人。

宋朝是中国古代科举制度的改革时期。虽然宋代的科举制大体同唐代一样，但在形式和内容上都进行了重大改革。首先，宋代科举放宽了录取范围，名额也成倍增加。其次，宋代确立了州试、省试和殿试三级考试制度。每年秋天，各州进行州试，第二年春天，由礼部进行省试，省试当年，由皇帝进行殿试。殿试以后，考生可以直接由皇帝授官。再次，宋代开始建立了防止徇私的新制度。从隋唐开始实行科举考试之后，徇私舞弊现象越来越严重。对此，宋代统治者采取了一些方法，主要是糊名和誊录制度的建立。糊名，就是把考生考卷上的姓名、籍贯等密封起来。但糊名之后，还可以认出考生的字迹。于是，又实行将考生试卷另行誊录的制度。考官评阅试卷时，不仅不知道考生的姓名，连考生的字迹也无从辨认。这种制度对于防止主考官徇私舞弊有很大效果。但是到了北宋末年，由于政治日趋腐败，这项制度也就流于形式了。宋代在考试形式上的改革，不但没有消除科举考试中的痼疾，反而使它进一步恶化。

明朝是中国古代科举制度的鼎盛时期。元朝时期，蒙古族统治了中原地区，科举考试进入中落时期，但以"四书"为考试内容却是从元朝开始的。元朝灭亡后，明朝建立，科举制进入鼎盛时期。明代统治者对科举高度重视，方法的严密程度也超过历代。明代以前，学校只是为科举制度输送考生的途径之一。到了明代，进学校成为科举的必由之路。

明代的科举考试分为乡试、会试、殿试三级。乡试是由

诞生　dànshēng
（书面语）出生。

继承　jìchéng
把前人的作风、文化、知识等接受过来；继续做前人遗留下来的事业。

关键　guānjiàn
最关紧要的、最重要的。

徇私　xúnsī
为了私情放弃原则，而做不合法的事。

舞弊　wǔbì
使用欺骗的手段做违法乱纪的事。

誊录　ténglù
抄写。

籍贯　jíguàn
祖居地。

日趋　rìqū
一天一天地走向。

痼疾　gùjí
经久难以治好的病。

鼎盛　dǐngshèng
最兴盛（的时期）。

中落　zhōngluò
中途衰落。

南、北直隶①和各布政使司②举行的地方考试。地点在南京府、北京府、布政使司驻地。每三年一次，考期在秋季八月。考试的地方叫"贡院"③。乡试考中的称"举人"，第一名称"解元"。会试是由礼部主持的全国考试，在乡试第二年举行，考期在春季二月。到时候，全国的举人都要到在京师（首都）参加会试。考中的称"贡士"，第一名称"会元"。殿试在会试后当年举行，时间在三月。殿试由皇帝亲自主持，录取分三甲：一甲三名，赐进士及第，第一名称"状元"，第二名称"榜眼"，第三名称"探花"。二甲赐进士出身，三甲赐同进士出身。一、二、三甲通称"进士"。考中进士称"金榜题名"。乡试、会试、殿试一甲第一名合称"三元"，考生连中三元，是科举场中的佳话。

明代乡试、会试的第一场考试都要考八股文。考生能否考中，主要取决于写作八股文的能力。所以一般读书人往往把毕生精力都用在八股文上。八股文要求以"四书五经"中的文句做题目，并依照题义说明其中的义理。格式也很死：结构有一定程式，字数有一定限制，句法要求对偶。八股文严重束缚了人们的思想，既是维护封建专制统治的工具，同时也把科举考试制度本身引向了绝路。

清朝是中国古代科举制度的没落与消亡时期。科举制发展到清代日趋没落，弊端也越来越多。清代统治者对科场舞弊的处分虽然特别严厉，但由于科举制本身的弊病，舞弊越演越烈，导致科举制最终消亡。

科举制度在中国实行了1300多年，对中国乃至世界都产生了深远的影响。隋唐以后中国的社会结构、政治制度、教育与人文思想，都受到了科举制的影响。

科举制本来的目的是为政府从民间选拔人才。相对于世袭、举荐等选拔人才的制度，科举考试无疑是一种公平、公

束缚 shùfù
约束；限制。

弊端 bìduān
弊病；（工作上的）严重问题。

世袭 shìxí
代代继承享有某种权益，如爵位、封号等。

举荐 jǔjiàn
推荐。

---

① 直隶 zhílì：直接隶属于京师（首都）的地区。
② 布政使司 Bùzhèngshǐ Sī：明清两代的地方行政机关。布政使：官名。
③ 贡院 gòngyuàn：中国古代举行科举考试的地方。

开、公正的方法，极大改善了用人制度。为此，日本、韩国、越南等国也曾效仿中国实行过科举制。16 至 17 世纪，一些传教士在中国接触到科举制后，就通过他们的游记把这种制度介绍到欧洲。18 世纪的启蒙运动中，不少英国和法国的思想家也都推崇中国这种公平和公正的制度。因此有人称科举是中国文化的第五大发明。当代中国社会的各种考试，在一定程度上也仍是科举制度的延续。

科举制为中国历朝历代发掘、培养了大量人才。在 1300 多年间，科举产生的进士接近十万人，举人、秀才数以百万计。虽然其中并非全是有识之士，但能过五关斩六将、通过科举考试成为进士的人，多数都非等闲之辈。科举对于知识的普及和中国民间读书风气的形成起了相当大的推动作用。在科举制时代，考中秀才的人就可以自认为或者被视为"知识分子"，他们在中国各地的数量是十分庞大的。其中除少数能在仕途上得到进一步提升外，多数都生活在本乡本土，对知识的普及与传播起到了一定作用，同时也间接维护了中国古代文化及思想的统一。

另一方面，科举制在长期发展过程中也产生了很大弊端。首先是考试内容与形式。从明代开始，科举考试的内容就陷入僵化，只要求考生能造出符合形式的文章，不重视考生的实际学识。以致于大部分读书人为应对科举考试，思想逐渐被"四书五经"所束缚，无论是眼界与创造能力，还是独立思考能力都受到很大限制，读书做官、光宗耀祖成为很多人的梦想，科举考试则是他们实现这一梦想的工具。其次，科举制度在为政府发掘人才的同时，也埋没了民间其他方面的杰出人才，限制了人才的出路与发展。

启蒙　qǐméng
指普及新知识，使社会接受新事物。

推崇　tuīchóng
指非常重视某人或某事，给予很高的评价。

过五关斩六将
guò wǔ guān zhǎn liù jiàng
比喻克服一个又一个困难。出自《三国演义》中关羽的故事。

等闲之辈　děngxián zhī bèi
平常的人。

仕途　shìtú
升官的道路。

僵化　jiānghuà
变僵硬；停止发展。

【文化注释】

1. 九品中正制　jiǔpǐn zhōngzhèngzhì

魏晋南北朝时期选拔官吏的一种制度。各地设置中正官，负责对本地区的人物进行品评。品评内容主要根据人物的家世（家庭出身和背景）及行状（个人品德与才能）来确定品级，分为上品、中品、下品三类，每一类再分为三等，共九品。由于晋代以后中正官完全以家世来确定人物品级，导致出身低微的人无论品德与才能多高都只能被定为下品，而出身豪门的人即使行状不佳也能位列上品，严重限制了人才发展，这一制度最终被科举制所取代。

2. 八股文　bāgǔwén

明清时期科举考试的一种文体，段落有严格规定，现在多用来比喻空洞死板的文章、讲演等。

3. 四书五经　Sì Shū Wǔ Jīng

中国古代儒家的主要经典，"四书"指《大学》《中庸》《论语》《孟子》四种典籍，"五经"指《易经》《书经》《诗经》《礼记》《春秋》。

【专有名词】

1. 隋文帝　Suí Wéndì　杨坚，隋朝开国皇帝。
2. 隋炀帝　Suí Yángdì　杨广，隋朝第二位皇帝。
3. 唐太宗　Táng Tàizōng　李世民，唐朝第二位皇帝。
4. 武则天　Wǔ Zétiān　中国历史上唯一正统的女皇帝。
5. 唐玄宗　Táng Xuánzōng　李隆基，唐朝在位最久的皇帝。

练 习

一、根据课文内容，了解科举制度起源与发展的不同阶段，并选用恰当的词语完成下表。

（1）隋朝	（2）唐朝	（3）宋朝	（4）明朝	（5）清朝
起源				

二、选词填空

A. 权贵　B. 培养　C. 选拔　D. 时事　E. 舞弊　F. 痼疾　G. 放宽　H. 八股文　I. 诗赋　J. 恶化

魏晋南北朝时期，官员大多从_____子弟中选拔出来。为了改变这种弊端，隋朝开创了科举制度，考核参选者对_____政治的看法，根据成绩选拔人才。

中国文化基础（下）

唐朝重视人才的_____和_____，唐玄宗时_____成为进士科主要的考试内容。宋朝的科举制度大体同唐朝一样，但在考试形式上进行了重大改革，_____了录取范围，并确立了三级考试制度，同时建立了防止徇私_____的新制度。但是到了北宋末年，这些改革不但没有消除科举考试中的_____，反而使它进一步_____。明清时期，科举考试的内容主要是_____，这种形式严重束缚了人们的思想。到了清朝末年，由于科举制本身的弊病，科举制度最终消亡。

三、判断正误

1. 魏晋南北朝时期，出身低微的人不能担任任何官职。　　　　　（　　）
2. 唐朝武则天时期，开始出现殿试形式并形成了制度。　　　　　（　　）
3. 宋代在科举考试的形式和内容上进行了重大改革。　　　　　　（　　）
4. 宋代为了避免徇私舞弊，采取了糊名和誊录的方法。　　　　　（　　）
5. 从明代开始，"四书"成为科举考试的内容。　　　　　　　　（　　）

四、回答问题

1. 什么是科举制？这一制度是在什么时代产生的？
2. 唐朝武则天时期，武举的考试科目有哪些？
3. 宋代在科举考试的形式和内容上进行了哪三方面的改革？
4. 亚洲和欧洲有哪些国家曾受到科举制度的影响？
5. 科举制度在发展过程中产生了哪些积极作用？
6. 为什么说明朝以后的八股文严重束缚了人们的思想？

五、课堂讨论

1. 你认为中国古代科举制度有哪些利弊？
2. 了解一下中国现行的考试制度，并谈谈你的看法。
3. 在你们国家的考试中有无作弊现象？你认为这一现象产生的主要原因是什么？应该采取哪些措施防止作弊行为的发生？

附录　课后练习题参考答案

第一课　中国古代神话

（一）
一、1. B　2. A　3. E　4. C　5. D
二、1. 对　2. 错　3. 错　4. 对　5. 错　6. 错　7. 错　8. 对

（二）
一、1. B　C　F　A　2. D　3. E
二、1. 对　2. 错　3. 错　4. 错　5. 错　6. 对　7. 错　8. 对

第三课　中国民间传说

（一）
一、1. A　2. D　3. C　4. E　5. F　6. B
二、1. 对　2. 错　3. 错　4. 对　5. 错

（二）
一、1. 错　2. 对　3. 错　4. 对　5. 对　6. 错

第四课　中国古代建筑

（一）
一、1. 错　2. 对　3. 错　4. 对　5. 错　6. 对　7. 对　8. 错

（二）
一、1. 对　2. 错　3. 错　4. 对　5. 对　6. 错　7. 对　8. 对

第五课　中国民间音乐

（一）
一、1. B　2. C　3. A　4. E　5. D
二、1. B　2. G　A　C　3. D　F　E　H
三、1. 错　2. 错　3. 错　4. 错　5. 对

（二）
一、1. B　2. C　3. A　4. D

二、1. D 2. B A C E

三、1.对 2.对 3.对 4.对 5 错 6.错 7.错 8.对

第六课 中国茶文化

（一）

一、1. D F C A B 2. G E

二、1.对 2.错 3.对 4.对 5.错 6.对 7.错 8.错

（二）

一、1.错 2.错 3.错 4.对 5.对 6.对

第七课 中国医药文化

（一）

一、1. D C E G 2. F H B 3. A

二、1.对 2.对 3.对 4.对 5.错

（二）

一、1. A D H F 2. E G B C

二、1.错 2.对 3.错 4.对 5.对

第八课 中国古代教育

（一）

一、1. C 2. A 3. B 4. D

二、B C A E D

三、1. A 2. D 3. C 4. B

（二）

二、A D C B I G E F J H

三、1.错 2.对 3.对 4.对 5.错